Dorothea
und Peter
Baumjohann

Biologischer
Pflanzenschutz

für Haus, Wintergarten und Balkon

167 Farbfotos
17 Zeichnungen

Ulmer

Vorwort

Pflanzen schaffen eine angenehme Atmosphäre, sie vermitteln Ruhe und Entspannung. Deshalb nimmt die Zahl der »grünen« Wohnungen und Balkons immer mehr zu.

Vor einem Rätsel stehen allerdings viele Pflanzenfreunde, wenn ihre Lieblinge kümmern oder von Schädlingen oder Krankheiten befallen werden. In diesem Buch finden Sie daher die Pflegeansprüche und die häufigsten Krankheiten bzw. Schädlinge einiger wichtiger Zimmer-, Balkon- und Kübelpflanzen. Weiterhin vermittelt der ausführliche und reich bebilderte Schadbilderleitfaden jedem die notwendigen Kenntnisse, um zielsicher die richtige Diagnose zu stellen. Danach wollen wir den Lesern die Möglichkeiten einer möglichst naturnahen, biologischen Beseitigung des jeweiligen Schadens erläutern. Bei fast allen Freizeitgärtnern besteht der Wunsch, gerade in den eigenen Wohnräumen möglichst nur mit sogenannten biologischen Pflanzenschutzmaßnahmen zu arbeiten. Neben der Verwendung von naturgemäßen Spritzmitteln räumt dieses Buch dem Einsatz von nützlichen Insekten, die zur Schädlingsbekämpfung genutzt werden können, einen ganz besonderen Stellenwert ein. Nützliche Insekten wie z. B. Marienkäfer oder Florfliegen sind den meisten gärtnerisch Interessierten bekannt. Nur wenige wissen jedoch, daß inzwischen

für die allermeisten im Haus- und Balkonbereich auftretenden Schädlinge natürliche Gegenspieler käuflich erworben und mit Erfolg eingesetzt werden können. Diese faszinierende Art der biologischen Schädlingsbeseitigung wird ausführlich und reich bebildert erläutert und beschrieben.

Wir wünschen allen Benutzern dieses Buches viel Erfolg bei der Pflege ihrer Pflanzen nach biologischen Gesichtspunkten.

Dorothea und Peter Baumjohann
Hameln, im Oktober 1996

Inhaltsverzeichnis

Vorbeugende Maßnahmen – die richtige Pflanzenpflege

Die wichtigste Voraussetzung für optimales Blühen und Gedeihen unserer Zierpflanzen im Zimmer, im Wintergarten und auf dem Balkon oder der Terasse ist die möglichst enge Anpassung ihrer häuslichen Umgebung an ihren natürlichen Standort.

Zierpflanzen stammen aus allen Teilen der Welt. Sie haben sich den Lebensbedingungen in den unterschiedlichsten Klimabereichen und den verschiedensten Standorten in jahrtausendelanger Entwicklung angepaßt.

Dementsprechend unterschiedlich sind die Anforderungen an ihren Standort. Dies betrifft die Lichtverhältnisse, die Wärme- und Feuchtigkeitsansprüche, die Ernährung, die Zusammensetzung der Topferde und andere Pflegemaßnahmen.

Licht

Licht ist eine wesentliche Voraussetzung für das Gedeihen der Pflanzen. Es liefert die Energie für die Photosyn-

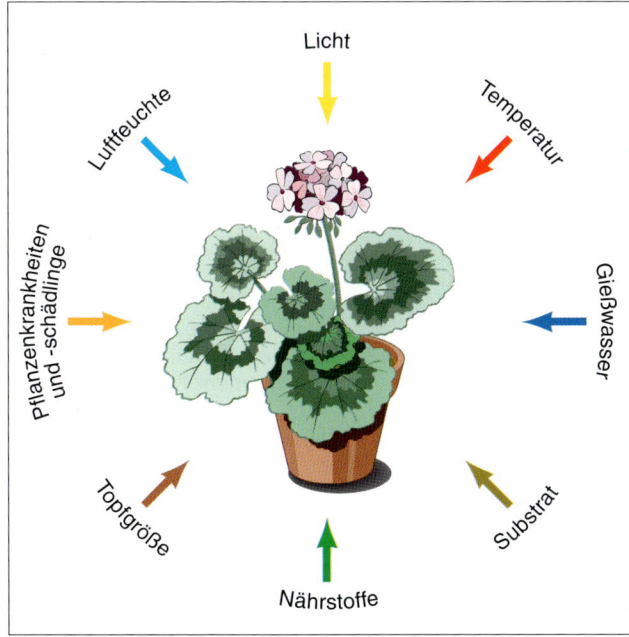

Einflußfaktoren auf das Pflanzenwachstum.

7

Bei Lichtmangel bilden sich verlängerte, weiche Triebe, die anfälliger gegen Krankheiten und Schädlinge sind.

these und steuert viele andere Prozesse in der Pflanze (z. B. Blüten- und Knospenbildung). Störungen im Pflanzenwachstum haben oft ihre Ursache in ungeeigneten Lichtverhältnissen.

Lichtmangel, -überschuß und wechselnde Lichtverhältnisse

Allgemein verursacht Lichtmangel bei den Pflanzen:

- kleinbleibende, blaßgrüne Blätter
- geringere Farbausprägung bei buntblättrigen Pflanzen
- Blattfall (wird im Winter oft am *Ficus benjamina* beobachtet)
- Geilwuchs, d. h. lange, gelbliche und blasse Triebe von geringer Festigkeit (entstehen oft in einem zu dunklen Winterquartier)
- stärkere Anfälligkeit für Krankheiten und Schädlinge

- geringe oder ausbleibende Knospenbildung, Knospen fallen oft schon ab, bevor sie sich entfalten.

Auch ein *Lichtüberschuß* verursacht Pflanzenschäden:

- Verhärtung von Pflanzenteilen
- Blattvergilbungen
- Verbrennungen

Ein plötzlicher *Wechsel der Lichtverhältnisse* ist ebenso pflanzenschädigend. Durch einen Standortwechsel oder das Drehen der Pflanzen auf der Fensterbank kann ein

- Blattfall und auch ein
- Blüten- bzw. Knospenfall oder sogar
- Sonnenbrand

hervorgerufen werden. Eine vorsichtige Vorgehensweise ist auch dann geboten, wenn Pflanzen aus dem Winterquartier ins Freiland gestellt werden. Bei allzu intensiver Sonnen-einstrahlung treten leicht Lichtüber-schußsymptome auf. Eine langsame Abhärtung der Pflanzen ist daher zu empfehlen.

Lichtintensität

Die Lichtintensität oder Beleuchtungs-stärke wird in Lux gemessen. Pflanzen mit einem hohen Lichtanspruch benö-tigen mindestens 1500 bis 2000 Lux, Pflanzen mit geringem Lichtanspruch kommen mit 500 bis 600 Lux aus. Im Handel sind Luxmeter erhältlich, mit denen die Lichtmenge an einem Standort bestimmt werden kann.

Die Beleuchtungsstärke in einem Raum ist abhängig von:
• der Beleuchtungsstärke draußen vor dem Fenster,
• der Größe des Fensters,
• dem Vorhandensein und der Be-schaffenheit von Gardinen,

In den Wintermonaten benötigt der Schwertfarn einen Platz in Fensternähe.

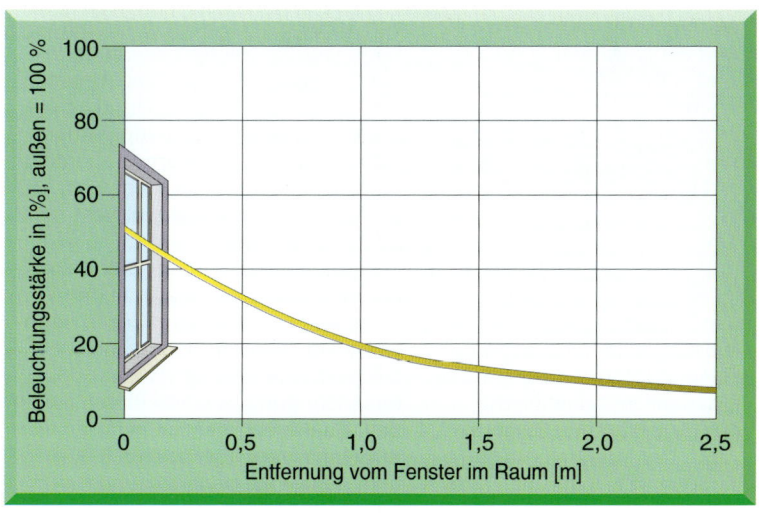

Die Lichtmenge nimmt mit dem Abstand zum Fenster erheblich ab.

- den Reflexionsverhältnissen im Raum.

Allein die Fensterscheibe reduziert die Lichtintensität im Vergleich zu einem Standort im Freien um 50%, Gardinen bedeuten nochmal eine starke Verminderung. Weiterhin werden die Lichtverhältnisse in einem Raum mit zunehmender Entfernung zum Fenster natürlich auch schlechter. Mit jedem Meter Abstand zum Fenster nimmt die Lichtmenge um mindestens 50% ab. Auch Balkone und Terrassen müssen auf ihre Lichtbedingungen hin überprüft werden. So können Schatten von Bäumen und Mauern die Lichtintensität ebenso stark einschränken, wie eine Überdachung.

Zusatzbelichtung
Gerade in der lichtarmen Jahreszeit gibt es bei vielen Zierpflanzen Probleme, da der größte Teil von ihnen aus tropisch-subtropischen Gebieten stammt, wo Tageslängen von etwa 12 Stunden und ein gleichmäßig hoher Sonnenstand während des ganzen Jahres herrschen.

Auch die biologische Bekämpfung von Pflanzenschädlingen durch den Einsatz von Nützlingen ist im Winter wegen des mangelnden Lichtes stark eingeschränkt.

So ist im Winter eine Zusatzbelichtung nötig, wenn besonders anspruchsvolle Pflanzen in Räumen beherbergt werden sollen. Bei der Anbringung einer Zusatzbelichtung ist zu beachten, daß die verschiedenen Lampen nur für bestimmte Zwecke geeignet sind. Der Spektralbereich von Glühlampen ist z. B. für die Förderung des Pflanzenwachstums nicht geeignet. Sie reicht bei Langtags-

pflanzen aber aus, um den Impuls zur Blütenbildung auszulösen und genügt auch, um die Aktivität von Nützlingen zu fördern. Die gleiche Wirkung haben die in Wohnbereichen vielfach angebrachten Leuchtstoffröhren. Energiesparlampen, Halogen-Metalldampf-Lampen und Hochdruck-Quecksilberdampf-Lampen haben einen tageslichtähnlichen Spektralbereich und eignen sich daher zusätzlich auch zur Förderung des Pflanzenwachstums.

Temperatur

Jede Pflanzenart hat ihr spezifisches Temperaturminimum und Temperaturmaximum, das nicht für längere Zeit unter- oder überschritten werden sollte. Während der Hauptwachstumszeit von Frühjahr bis Herbst gedeihen die meisten Zierpflanzen gut bei normalen Zimmertemperaturen von 18 bis 22 °C. Höhere Temperaturen werden toleriert, wenn der dadurch steigende Wasserbedarf beachtet und auch die Luftfeuchtigkeit erhöht wird. Niedrigere Temperaturen während der Nacht werden ebenfalls ohne Schaden überstanden, wenn die Temperaturschwankungen nicht mehr als 10 °C betragen.

Problematisch wird die Einhaltung der optimalen Temperatur in den Wintermonaten. Viele Zierpflanzen benötigen eine Winterruhe mit kühlen Temperaturen, wenig Wasser und ohne Düngung, z. B. um Blüten zu bilden. Zu diesen Pflanzen gehören viele Kübelpflanzen, aber auch z. B. Kakteen, einige Palmenarten und Kalthausorchideen (Cymbidien). Es ist also von Vorteil, wenn ein heller und kühler Raum zur Verfügung steht, in dem die Pflanzen zur Überwinterung untergebracht werden können. Oft findet sich ein solcher Platz in einem einigermaßen hellen Kellerraum, auf dem Dachboden oder im Treppenhaus (Vorsicht bei Zugluft!!). Optimal ist natürlich ein heller, aber frostfrei gehaltener Wintergarten.

Allgemein ist darauf zu achten, daß Temperatur, Luftfeuchtigkeit und der Wasserbedarf aufeinander abgestimmt werden müssen. Bei einer kühlen Überwinterung muß sehr sparsam mit Gießwasser umgegangen werden, da Pflanzen bei niedrigen Temperaturen viel weniger Wasser verdunsten als bei hohen Temperaturen. Beachtet man diesen Zusammenhang nicht und bringt im Winterquartier zu viel Wasser aus, können sehr schnell Pilz- und Bakterienkrankheiten entstehen und weiterverbreitet werden.

Luftfeuchtigkeit

Die Luftfeuchtigkeit beeinflußt den Bewegungsmechanismus der Spaltöffnungen (Stomata) auf den Blattunterseiten der Pflanzen. Die Spaltöffnungen sind wichtig für den Gasaustausch zwischen Pflanze und Luft und die Wasserverdunstung. Je höher die Luftfeuchtigkeit, desto weiter sind die Stomata geöffnet, und desto besser können die Pflanzen das für die Photosynthese (d. h. für den Aufbau der Kohlenhydrate) benötigte Kohlendioxid aus der Luft aufnehmen. Bei trockener Luft schließen die Pflanzen die Spaltöffnungen, um sich gegen eine zu starke Transpiration und Austrocknung zu schützen. Die Folge ist eine Beeinträchtigung des Stoffumsatzes, so daß das Wachstum der Pflanzen gehemmt wird.

Im Winter geht die Luftfeuchtigkeit in geheizten Räumen stark zurück. Durch Besprühen kann man einen Ausgleich schaffen.

Indirekt wirkt sich die Luftfeuchtigkeit auf den Befall der Pflanzen durch Krankheiten und Schädlinge aus. In trockener Luft treten z. B. sehr schnell Spinnmilben auf, zu feuchte Luft fördert den Befall mit Pilz- und Bakterienkrankheiten. Hieran wird deutlich, daß auch die Luftfeuchtigkeit in den Wintermonaten zum Problem wird. Während die relative Luftfeuchte im geheizten Zimmer oftmals unter 40% zurückgeht und somit für die meisten Zimmerpflanzen als zu trocken einzustufen ist, ist es im kalten Winterquartier oft die zu hohe Luftfeuchtigkeit, die Pflanzenkrankheiten entstehen läßt.

Werden die unten aufgeführten Regeln beachtet, sind die durch Luftfeuchtigkeit verursachten Probleme zwar nicht auszuschließen, aber dennoch etwas zu vermindern.

Wasser und Wasserqualität

Das Wasser hat in der Pflanze vielfältige Funktionen. Es dient

- als Baustein organischer Substanzen
- als Lösungs- und Transportmittel für Nährstoffe und Assimilate
- der Aufrechterhaltung der Turgeszenz (d. h. es verhindert das »Schlappen« von Pflanzenteilen)
- der Temperaturregulierung

Der Wasserbedarf ist von Pflanzenart zu Pflanzenart unterschiedlich. Er ist außerdem abhängig von der Luftfeuchtigkeit und der Temperatur. Das bedeutet, je wärmer es ist und je geringer die relative Luftfeuchte, desto reichlicher muß gegossen werden.

Zimmerpflanzen sollten mindestens alle 2 bis 3 Tage kontrolliert werden. Balkon- und Kübelpflanzen müssen im Sommer fast täglich gewässert werden. Es sollte darauf geachtet werden, die oberirdischen Pflanzenteile nicht in praller Sonne zu benetzen, da sonst leicht Verbrennungen entstehen können.

Besondere Bedeutung kommt der Wasserführung auch im Winterquartier zu. Ballentrockenheit und Staunässe sind gleichermaßen tödlich für die Pflanzen.

Maßnahmen zur Regulierung der Luftfeuchte
Bei zu trockener Luft:
- tägliches Besprühen der Pflanzen mit kalkfreiem! Wasser (sonst entstehen Kalkflecken auf der Blattoberfläche)
- Aufhängen von Verdunstungsgefäßen an den Heizkörpern
- Aufstellen von wassergefüllten Untersetzern
- Blumentopf in einen großen Übertopf stellen, in dem unten Kies hineingefüllt wird. In der Kiesschicht kann ständig Wasser stehen.

Bei zu feuchter Luft:
- Entfernen von überschüssigem Wasser aus Untersetzern und Übertöpfen
- im kalten Winterquartier lieber öfter wenig gießen als selten große Wassermengen
- Pflanzen vor der Überwinterung zumindest etwas zurückschneiden
- kranke und abgefallene Blätter regelmäßig entfernen

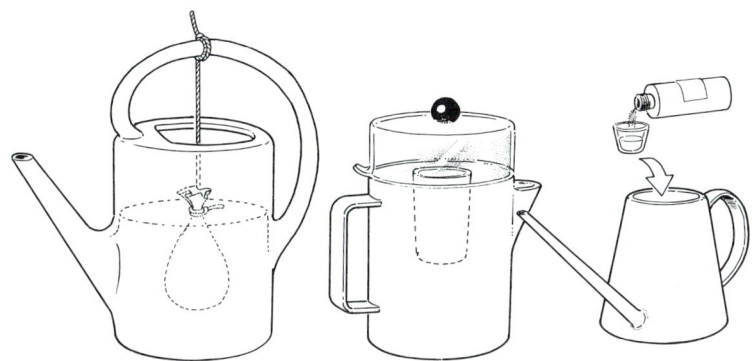

Leitungswasser kann durch Torf (links), Filter (Mitte) und Enthärtungsmittel (rechts) entkalkt werden.

Beachtet werden sollte auch die Qualität des Gießwassers. Regenwasser ist dem Leitungswasser stets vorzuziehen. Sehr hartes Leitungswasser sollte entkalkt werden. Wird mit stark kalkhaltigem Leitungswasser gegossen, entstehen schon nach kurzer Zeit häßliche Kalkausblühungen auf der Topferde und an Tontöpfen. Schlimmer noch ist, daß der pH-Wert, also der Säuregrad der Erde durch kalkhaltiges Wasser ansteigt. Das kann bei den Pflanzen zu einem Nährstoffmangel führen. Nähere Informationen dazu finden Sie im Kapitel »pH-Wert« ab Seite 17

Leitungswasser kann entkalkt werden. Dazu gibt es verschiedene Möglichkeiten:

• einen torfgefüllten Baumwollsack in das Gießwasser hängen (ca. 1 l Torf auf 10 l Wasser) und über Nacht stehen lassen,
• das Wasser durch einen speziellen Filter laufen lassen, der Ionenaustauscher enthält,
• flüssige oder tablettenförmige Enthärtungsmittel benutzen.

Grundsätzlich sollte jedes Wasser, das als Gießwasser benutzt wird, abgestanden sein. So können schon manche Stoffe als Gase entweichen und das Wasser erreicht die erforderliche Zimmertemperatur. Aus diesem Grunde empfiehlt es sich, nach der Beendigung des Gießens die Kanne gleich noch einmal aufzufüllen und voll beiseite zu stellen.

Kaltes Gießwasser verursacht Flecken auf Usambarablättern.

Wärmebedürftige Gemüsearten wie Aubergine und Paprika gedeihen sehr gut auf geschützten Terrassen.

Nährstoffe

Gerade für Pflanzen in Töpfen ist eine ausgewogene Versorgung mit Nährstoffen besonders wichtig. Im Gegensatz zu einer falschen Wasserführung werden Ernährungsfehler nur langsam sichtbar.

Haupt- und Spurenelemente

Pflanzen benötigen 16 Nährelemente, davon 3 organische (Kohlenstoff (C), Wasserstoff (H) und Sauerstoff (O)), die aus dem Gießwasser und dem Kohlendioxid sowie dem Sauerstoff der Luft entnommen werden, und 13 mineralische Nährelemente. Die mineralischen Nährstoffe lassen sich in Haupt- und Spurenelemente unterteilen. Hauptelemente werden in großen Mengen benötigt, während Spurenelemente nur in sehr geringen Mengen, eben in »Spuren«, aufgenommen werden. Die drei wichtigsten Elemente N, P und K werden als Kernelemente bezeichnet.

Stickstoff benötigt die Pflanze zum Aufbau von Eiweißstoffen. Er dient dem Wachstum von Blättern und Stengeln. Übermäßige Stickstoffversorgung führt zu einer üppigen Entwicklung der Blattmasse, oftmals aber auf Kosten der Blütenbildung. Zu nährstoffreiches Blattgewebe wird weich und bildet eine ideale Vermehrungsstätte für Blattläuse: sie können ihren Saugrüssel leichter in das Gewebe einstechen. Eine Stickstoffunterversorgung führt zu einem kümmerlichen Wuchs mit gelb-grün gefärbten Blättern.

Phosphor ist ebenfalls maßgeblich an der Eiweißbildung beteiligt und zudem Energieträger bei den Umwandlungsprozessen der Photosynthese. Phosphor fördert die Blüten- und Samenbildung, ist aber auch maßgeblich am Wurzelwachstum einer Jungpflanze beteiligt. Phosphormangel führt daher zu einer zögerlichen Blütenbildung und Samenreife. Ältere Blätter verfärben sich zunächst dunkelgrün und nehmen später eine rötliche Färbung an. Eine Phosphorüberversorgung beeinträchtigt die Aufnahme anderer, ebenfalls wichtiger Nährelemente.

Kalium benötigen die Pflanzen in großer Menge zur Regulierung des Wasserhaushaltes. Es sorgt für die Festigkeit der Pflanzen und erhöht damit die Widerstandsfähigkeit gegen verschiedene Krankheiten. Bei Kaliummangel zeigt die Pflanze verminderte Standfestigkeit. Die Blätter verfärben sich vom Rand aus bräunlich, rollen ein und sterben schließlich ab. Ein Kaliumüberschuß stört ebenfalls die Aufnahme anderer Nährelemente wie z. B. Calcium und Magnesium.

Magnesium ist ein wesentlicher Baustein des Blattgrüns (Chlorophyll). Es trägt weiterhin zur Energiegewinnung und Eiweißbildung bei. Magnesiummangel zeigt sich an einer Gelbfärbung der älteren Blätter, wobei die Blattadern grün bleiben.

Calcium und **Schwefel** zählen ebenfalls zu den Hauptelementen und werden in großer Menge von den Pflanzen aufgenommen. Mangelerscheinungen dieser Elemente treten aber nur sehr selten auf.

Von den Spurenelementen hat besonders das **Eisen** eine große Bedeutung für die Pflanzenernährung. Es ist für die Blattgrün- und Eiweißbildung unbedingt erforderlich. Eisenmangel tritt relativ häufig auf, da Eisen durch kalkhaltiges Gießwasser sehr schnell im Substrat festgelegt wird und von den Pflanzen dann nicht mehr aufgenommen werden kann. Mangelsymptome machen sich zuerst an jüngeren Blättern bemerkbar. Diese werden gelb, zeigen aber dunkelgrüne Blattadern.

Nährstoffgehalt von Düngern
Auf dem Etikett eines Düngers ist stets der Gehalt der Kernelemente in einer Zahlenreihe angegeben. Die erste Zahl steht immer für den Stickstoffgehalt, die zweite Zahl für den Phosphorgehalt und die dritte Zahl für den Kaliumgehalt. Häufig wird ein vierter Wert angegeben, der für den Magnesiumgehalt steht. Eine Zahlenreihe von z. B. 12-12-17-2 bedeutet, daß der Dünger

12% Stickstoff
12% Phosphor, angegeben als Phosphoroxid (P_2O_5)
17% Kalium, angegeben als Kaliumoxid (K_2O)
2% Magnesium, angegeben als Magnesiumoxid (MgO)

enthält.

Mineralische und organische Dünger
Die verschiedenen Dünger können in drei große Gruppen eingeteilt werden. **Mineralische Dünger**, die oft auch als »Kunstdünger« bezeichnet werden, bestehen aus Nährsalzen oder, im Falle des Stickstoffs, aus synthetisch hergestellten mineralischen Verbindungen. Die enthaltenen Nährstoffe sind meistens wasserlöslich und sofort pflanzenverfügbar. Es gibt aber auch mineralische Langzeitdünger, die so-

genannten Depotdünger. Die Nährsalze sind von halbdurchlässigen Hüllen umschlossen, die sich in Abhängigkeit von Feuchtigkeit und Temperatur der Pflanzerde allmählich zersetzen, so daß die Nährstoffe langsam freigesetzt werden.

Organische Dünger werden ausschließlich aus Rohstoffen tierischen und/oder pflanzlichen Ursprungs gewonnen. Die Nährstoffe werden erst durch Mikroorganismen in eine pflanzenverfügbare Form gebracht, so daß sie langsam und stetig über einen längeren Zeitraum freigesetzt werden. Organische Dünger haben also immer eine Langzeitwirkung. Durch organische Düngung wird außerdem das Bodenleben in den Pflanzgefäßen aufrechterhalten. Das hat den Vorteil, daß die Pflanzerde länger locker und

krümelig bleibt, ohne zu verdichten.
Organisch-mineralische Dünger enthalten, wie der Name schon sagt, Nährstoffe sowohl in mineralischer als auch in organischer Form. In dieser Zusammensezung kann ein Teil des Nährstoffgehaltes, nämlich der mineralische Anteil, sofort wirksam werden, und ein weiterer Teil - der organische - kann langsam nachfließen. Doch Vorsicht: die gesetzliche Regelung läßt es zu, daß diese Dünger nur geringe Anteile an organischer Substanz beinhalten müssen. Es ist daher möglich, daß ein solcher Dünger als mineralisch-organisch bezeichnet wird, obwohl er nur Bruchteile organischer Substanz enthält. Zur Beurteilung seiner Wirkungsweise ist auf die jeweilige Zusammensetzung des Produktes zu achten.

Organische Topfpflanzendünger können in die Blumenerde eingemischt (Topfpflanzen Azet) oder mit dem Gießwasser ausgebracht werden (BioTrissol).

Anwendung von Düngemitteln

In der Gebrauchsanweisung wird im allgemeinen erklärt, ob der Dünger in die Erde eingemischt wird oder mit dem Gießwasser verdünnt ausgebracht werden soll. Außerdem enthält die Gebrauchsanweisung Mengenangaben und Empfehlungen, wie oft der Dünger angewendet werden soll.

Für die richtige Düngung gibt es auch grundsätzliche Regeln:

- Nach dem Umtopfen kann auf die Düngung meistens für 4 bis 6 Wochen verzichtet werden, da gute Pflanzerde einen für diesen Zeitraum ausreichenden Nährstoffvorrat enthält.
- Während der Ruhezeiten der Pflanzen, also meistens in den Wintermonaten, wird nicht gedüngt.
- Die meisten Nährstoffe benötigen die Pflanzen während ihrer Hauptwachstumszeit, also im Frühjahr und Sommer. Im Herbst läßt man die Düngung langsam ausklingen.
- Lieber oft und weniger konzentriert als seltener und hochdosiert düngen. Verätzungen an den Wurzeln können so leichter vermieden werden.
- Nie eine ballentrockene Pflanze düngen! Es sollte immer etwas Feuchtigkeit vorhanden sein, da sonst sofort Wurzelschäden entstehen.
- Zimmer-, Kübel- und Balkonpflanzen lassen sich jeweils in Schwach-, Normal- und Starkzehrer einteilen. Während die Starkzehrer einen sehr hohen Nährstoffbedarf haben und häufig gedüngt werden müssen, kommen die Normalzehrer mit etwas weniger Dünger aus, Schwachzehrer brauchen nur hin und wieder eine Nährstoffgabe.

pH-Wert (Säuregehalt)

Die Pflanzenverfügbarkeit der verschiedenen Nährelemente wird weitgehend vom pH-Wert der Topferde beeinflußt. Mit dem pH-Wert wird der Säuregehalt des Substrates beschrieben. Er wird in Wertstufen von 1 bis 14 angegeben, wobei pH 7 der Neutralpunkt ist und reinem Wasser entspricht. Die pH-Werte unter 7 werden als sauer bezeichnet. Reine Salzsäure hat den pH-Wert 1. Werte über pH 7 heißen alkalisch und entsprechen bei pH 14 reiner Natronlauge.

Fast alle Zimmerpflanzen gedeihen am besten bei Substrat-pH-Werten zwischen 5,5 und 6,5. Mit steigendem pH-Wert von schwach sauer bis alkalisch geht die Pflanzenverfügbarkeit aller Spurenelemente (Ausnahme Molybdän) verloren. Pflanzen, die auf eine gute Versorgung mit Spurenelementen angewiesen sind, wie die Moorbeetpflanzen (Azaleen, Eriken) und Hortensien gedeihen daher besser in Substraten mit einem niedrigen pH-Wert von 4 bis 4,5.

Der pH-Wert läßt sich leicht mit Hilfe von Indikatorstäbchen oder Testtabletten messen. Im Handel sind auch relativ billige elektrische Geräte erhältlich, die jedoch in der Regel nur sehr ungenaue Ergebnisse bringen.

Der pH-Wert kann durch das Gießen mit kalkhaltigem Wasser soweit ansteigen, daß Spurenelemente, die für das Pflanzenwachstum unbedingt notwendig sind, im Substrat festgelegt werden und den Pflanzen nicht mehr ausreichend zur Verfügung stehen. Es sollte daher unbedingt Regenwasser oder entkalktes Wasser zum Gießen verwendet werden (siehe auch Seite 13).

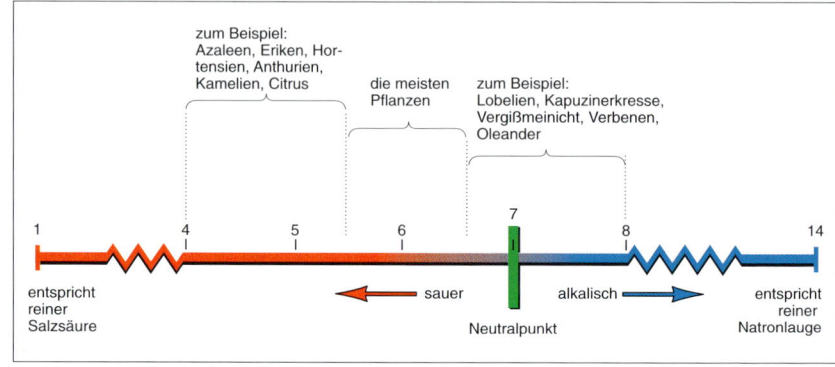

zum Beispiel:
Azaleen, Eriken, Hortensien, Anthurien, Kamelien, Citrus

die meisten Pflanzen

zum Beispiel:
Lobelien, Kapuzinerkresse, Vergißmeinicht, Verbenen, Oleander

1   4   5   6   7   8   14

entspricht reiner Salzsäure

◀── sauer   alkalisch ──▶

entspricht reiner Natronlauge

Neutralpunkt

Die meisten Pflanzen bevorzugen einen pH-Wert von 5,5 bis 6,5.

Bei hohen pH-Wert sind viele Spurenelemente nicht pflanzenverfügbar. Hier: Eisenmangel an einer Rose.

Erden und Substrate

Bislang haben sogenannte Einheitserden und Torfkultursubstrate (TKS) den größten Marktanteil.

Einheitserden sind Gemische aus krümelfestem, kalkfreiem Untergrundton und Torf. Durch einen entsprechenden Zusatz von Mineraldün-ger sind folgende Typen zu unterscheiden:

• Vermehrungserde (Typ VM)
• Pikiererde (Typ P)
• Topferde (Typ T)
• ED 73 (enthält einen Langzeitdünger)

Durch den Tonzuschlag haben Einheitserden ein höheres Wasser- und Nährstoffspeichervermögen im Vergleich zu reinen Torfsubstraten.

Torfkultursubstrate sind reine Torfsubstrate. Sie bestehen meistens aus Weißtorf, aber auch aus einem Gemisch von Weiß- und Schwarztorf. Torfkultursubstrate werden auf einen pH-Wert von etwa 5,5 aufgekalkt und mit unterschiedlichen Düngermengen versehen. Die bekanntesten Fertigsubstrate sind

• TKS 1 für Aussaat und zum Pikieren und
• TKS 2 zum Topfen.

Durch den rapiden Abbau der Hochmoore in den letzten Jahrhunderten und die Bemühungen, noch vorhandene Moore zu schützen und zu erhalten, wird Torf als Hauptbestandteil von Substraten immer knapper. Auf der Suche nach Ersatz hat sich zunehmend die Rinde, vorwiegend Nadelholzrinde, als nachwachsender Rohstoff durchgesetzt. Weit verbreitet sind daher auch inzwischen die **Rindenkultursubstrate** (RKS). Dieses sind Fertigsubstrate auf der Basis fermentierter Rinde unter Beimischung anderer substratfähiger Stoffe (z. B. Torf und Ton) mit und ohne Nährstoffzusätze. In RKS ist der Torf ganz oder teilweise durch Rinde ersetzt. Andere Möglichkeiten, den Torf in den Substraten ganz oder teilweise zu ersetzen, bestehen z. B. in der Verwendung von Komposten oder den Feinfasern von Kokosnüssen, die bei deren Verarbeitung als Abfallprodukt anfallen.

Stark zugenommen hat das Angebot von **Spezialerden,** die auf besondere Bedürfnisse einzelner Arten zurechtgeschnitten sind. Diese unterscheiden sich von den allgemein verwendeten Substraten durch verschiedene Zuschlagstoffe wie z. B. Sand, Kies, Tongranulate, spezielle Rinden, Blähton oder Polystyrolflokken. Oft weicht auch der pH-Wert von Spezialerden von dem pH der üblichen Pflanzerden ab. Spezialerden gibt es für Kakteen, Orchideen, Palmen, Bonsai, Moorbeetpflanzen u. a. Sie sind in der Anschaffung etwas teurer als Standardsubstrate, machen sich aber durch ihre optimale Zusammensetzung für bestimmte Kulturen bezahlt.

Für Kübelpflanzen sollten keine Torfkultursubstrate verwendet werden, da diese sehr leicht sind, so daß die Gefäße oft umkippen. Die schwereren Einheitserden sind besser geeignet. Viele Hobbygärtner greifen aber für ihre Kübelpflanzen auch auf eigene Mischungen aus Gartenerde, Kompost, Sand und Torf zurück. Nachteilig ist, daß diese eigenen Mischungen voll von Unkrautsamen und Krankheitskeimen sein können und keine verläßliche Qualität aufweisen.

Pflegemaßnahmen

Neben dem regelmäßigen Gießen und Düngen sind von Zeit zu Zeit noch andere Pflegemaßnahmen notwendig oder zumindest förderlich.

Umtopfen
Es gibt verschiedene Gründe, die ein Umtopfen der Pflanzen erforderlich machen:
- Verdichtete Blumenerde, die die Sauerstoffversorgung der Pflanzenwurzeln behindert (passiert allzu schnell bei der Verwendung von »Billigerden«).
- pH-Wert des Substrates ist durch die Verwendung von kalkhaltigem Gießwasser soweit angestiegen, daß Spurenelemente nicht mehr verfügbar sind. Dies ist schon an den Kalkablagerungen auf der Erde und an den Tontöpfen erkennbar.
- Substrat ist völlig durchwurzelt, Wurzeln sind oben sichtbar oder wachsen sogar schon aus den Abzuglöchern unten im Topf.

Der günstigste Termin zum Umtopfen ist das Frühjahr, am besten sofort im März, wenn das Pflanzenwachstum nach der Winterpause wieder einsetzt. Die meisten Pflanzen vertragen das Umtopfen aber durchaus bis ca. Ende August. Im Herbst und im Winter sollten die Pflanzen nicht umgetopft werden, da zu diesen Jahreszeiten kaum oder gar kein Wurzelwachstum stattfindet. Die neue Erde in dem größeren Topf würde also nicht durchwurzelt, so daß leicht eine staunasse Zone entstehen würde.

Diese staunassen Zonen, die unweigerlich zu Wurzelkrankheiten führen, entstehen auch, wenn die Pflanzen in zu große neue Töpfe gesetzt werden. Für kleine Pflanzen sollte der neue Topf im Durchmesser etwa 1 bis 2 cm größer sein als der alte Topf. Bei größeren Kübelpflanzen darf der Topfgrößenunterschied ca. 5 bis 8 cm betragen. Oftmals wird empfohlen, unten in den neuen Topf eine Drainageschicht aus Tonscherben oder Blähton einzufüllen. Auf diese Maßnahme kann aber getrost verzichtet werden! Nach einer physikalischen Gesetzmäßigkeit füllen sich beim Bewässern der Erde zuerst die Feinporen mit Wasser, dann die mittelgroßen Poren, dann die Grobporen, dann die noch größeren Poren und so weiter. Bevor das Wasser also in die riesigen Zwischenräume der Drainageschicht abgegeben würde, hätten sich erst alle Poren in der Erde mit Wasser gefüllt. In dem gleichen Moment, in dem das Wasser in die Drainageschicht eindringt, würde es demnach auch aus dem Abzugsloch des Topfes abfließen. Für Pflanzen, die von unten gegossen werden, z. B. das Usambaraveilchen, ist die Drainageschicht sogar eher hinderlich als förderlich, da das Wasser aus dem Untersetzer nicht so gut angesaugt werden kann.

Überwinterung von Balkon- und Kübelpflanzen

Bevor der Winter kommt, müssen Kübelpflanzen ins Winterquartier. Auch diejenigen Pflanzen, die im Freiland ausgepflanzt als frosthart eingestuft werden, wie z. B. Buchsbaum, Liguster und Aukuben würden den Winter draußen im Kübel nicht überleben. In den winterlichen Frostperioden friert nämlich der gesamte Kübelinhalt sehr schnell durch, so daß die Pflanzen kein Wasser mehr aufnehmen können und vertrocknen.

Das Einräumen beginnt, wenn die ersten Nachtfröste zu erwarten sind, also etwa ab Mitte Oktober. Zu diesem Zeitpunkt müssen noch nicht alle Kübelpflanzen ins Winterquartier. Viele Arten ertragen durchaus auch einige Minusgrade. Grundsätzlich sollte das Einräumen möglichst spät erfolgen, um das Ausreifen der Triebe zu fördern und damit die Widerstandskraft der Pflanzen im Winterquartier zu erhöhen.

Als Faustregel gilt:
- Krautige Pflanzen sind frostempfindlicher als holzige.
- Von den holzigen Pflanzen vertragen die immergrünen Frost schlechter als die laubabwerfenden.

Ein idealer Winterstandort ist ein unbeheizter Wintergarten. Aber auch ein Treppenhaus, ein einigermaßen heller Kellerraum, der Dachboden oder eine massiv gebauten Garage sind möglich.

Eventuell muß mit Hilfe eines sogenannten Frostwächters oder einer schwach eingestellten Heizung dafür gesorgt werden, daß die Temperatur nicht unter 5 °C abfällt. Durch richtiges Lüften muß außerdem sichergestellt werden, daß 15 °C nicht überschritten werden.

Um die Pflanzen im Winterquartier möglichst schädlings- und krankheitsfrei zu halten, ist darauf zu achten, daß verwelkte Blätter von Zeit zu Zeit zu

Ein idealer Überwinterungsplatz für Kübelpflanzen ist ein heller, kühler Wintergarten.

Regeln für die Überwinterung von Kübelpflanzen
- Je dunkler das Winterquartier ist, desto kühler muß es sein (also keinesfalls ein warmer Kellerraum).
- Je heller der Raum ist, desto höher dürfen die Temperaturen sein.
- Den hellsten Platz bekommen die immergrünen Gehölze, wie Lorbeer, Buchsbaum, Myrthe und Oleander, und diejenigen Pflanzen, die im Winter blühen (Kamelie).
- Dunkler stehen können laubabwerfende Arten und stark zurückgeschnittene Pflanzen.
- Je dunkler und kühler die Pflanzen stehen, desto weniger Wasser benötigen sie.
- Immergrüne Pflanzen haben eine größere Verdunstungsfläche als laubabwerfende und benötigen daher mehr Wasser.
- Lieber öfter ein wenig gießen als seltener viel wässern. Aufgrund der tiefen Temperaturen kann sonst leicht Staunässe entstehen.

Auch wenn die Pflanzen winterhart sind, brauchen sie bei einer Überwinterung im Freien im Kübel besonderen Schutz.

entfernen, und ausreichend zu lüften. Hat sich trotzdem ein Schädling eingenistet, muß dieser auch im Winter bekämpft werden, um größere Schäden zu vermeiden.

Kübelpflanzen, die den Winter gezwungenermaßen im Freien verbringen müssen, wie z. B. Kletterpflanzen, die sich fest um ihr Klettergerüst geschlungen haben, müssen möglichst gut vor dem Durchfrieren der Gefäße geschützt werden. Die Kübel sollten auf eine dicke Holz- oder Styroporplatte gestellt und mit Noppenfolie eingeschlagen werden. Eine Ummantelung mit Styropor, Laub oder Stroh und die zusätzliche Auslegung einer dicken Mulchschicht auf dem Substrat sind ebenfalls möglich. In frostfreien Perioden müssen diese Pflanzen regelmäßig gegossen werden.

Rückschnitt
Mit einem Rückschnitt werden die Pflanzen zu neuem Austrieb, buschigem Wachstum und guter Verzweigung angeregt.

Pflanzenhilfsmittel wie "Algan" können zur Gesundung gestreßter Pflanzen beitragen.

Balkon- und Kübelpflanzen werden entweder im Herbst, bevor sie ins Winterquartier kommen, oder im Frühjahr, bevor sie wieder ins Freie zurückgebracht werden, zurückgeschnitten. Der Frühjahrschnitt muß jedoch unbedingt vor dem Neuaustrieb erfolgen.

Ein Rückschnitt im Herbst ist in den meisten Fällen sinnvoller, da Kübelpflanzen so weniger Platz im Winterquartier einnehmen. Nach dem Schnitt haben die Pflanzen außerdem weniger Blattmasse, so daß die Luftzirkulation im Pflanzenkörper verbessert wird, was zur Vermeidung von Pflanzenkrankheiten beiträgt.

• Immergrüne Pflanzen wie Buchsbaum, Liguster und Lorbeer werden in die gewünschte Form, z. B. Kugel oder Pyramide, geschnitten.

• Laubabwerfende Pflanzen wie Fuchsien und Feigen werden nach dem Blattfall stark zurückgeschnitten.

• Dichtgewachsene Kübelpflanzen wie z. B. Oleander werden ausgelichtet, d. h. einige Triebe werden unten weggschnitten.

Auch bei der ein oder anderen Zimmerpflanze kann ein Rückschnitt Wunder wirken, wenn diese aufgrund von Lichtmangel oder Schädlings- bzw. Krankheitsbefall viele Blätter verloren haben.

Bei Zimmerpflanzen ist ein Rückschnitt im Frühjahr, wenn das Wachstum nach der Winterpause wieder einsetzt, am sinnvollsten. Zu diesem Zeitpunkt erfolgt dann am ehesten ein buschiger Neuaustrieb.

Pflanzenhilfsmittel

Sogenannte »Pflanzenhilfsmittel« sind Präparate, die Wachstum und Entwicklung von Pflanzen fördern, ohne daß sie wie ein Dünger Pflanzennährstoffe enthalten. Zu den Pflanzenhilfsmitteln zählen z. B. Brennesselpulver, Schachtelhalm- oder Baldrianextrakt, aus denen verschiedene Brühen oder Tees hergestellt werden. Im Bereich der Zimmer und Balkonpflanzen haben Algenextrakte die meisten Anwendungsgebiete. Algenextrakte wie z. B. »Algan«, enthalten Pflanzenhormone, Aminosäuren und manche Spurenelemente. Optimal ernährte Pflanzen reagieren meist relativ wenig auf die Anwendung von Algenextrakten. Sind Zimmerpflanzen jedoch durch verschiedene Einflüsse wie z. B. Zugluft, nach einem starken Schädlingsbefall, vorübergehende Trockenheit oder Staunässe gestreßt, so können Algenextrakte zur Gesundung beitragen und diese beschleunigen. Die eigentliche Schadursache muß natürlich zunächst beseitigt werden.

Infektionsquellen erkennen und ausschalten

Häufig stellt sich Frage, wie es in einem doch relativ abgeschlossenem Raum, wie ein Blumenfenster oder ein Wintergarten trotz liebevoller Pflanzenpflege zu einem Krankheits- oder Schädlingsbefall kommen kann. Für die Verbreitung von Pflanzenkrankheiten und -schädlingen kommen folgende Möglichkeiten in Betracht:

Verbreitung von Pflanzenkrankheiten
- Sporenflug durch geöffnete Fenster oder Türen.
- Einschleppen von Krankheiten mit neu hinzukommenden infizierten Pflanzen.
- Verbreitung der Pflanzenkrankheiten durch Pflanzenschädlinge (Virusübertragung durch Blattläuse) oder andere Insekten.
- Überdauerungsformen von Schaderregern können in unsauberer Blumenerde, die man sich eventuell aus Gartenerde- oder Kompostanteilen selbst gemischt hat oder die noch an gebrauchten Töpfen klebt, vorhanden sein.
- Beim Rückschnitt oder Stecklingsschnitt von verschiedenen Pflanzen können Krankheiten mit den Schnittwerkzeugen übertragen werden.
- Übertragung durch infiziertes Saatgut.

Verbreitung von Pflanzenschädlingen
- Zuflug durch geöffnete Fenster und Türen. Auch Blattläuse bilden im Sommer geflügelte Tiere aus.
- Einschleppen von Schädlingen mit neu hinzukommenden, infizierten Pflanzen oder auch mit Blumensträußen.
- Übertragung durch den Menschen, der Schädlinge an seiner Kleidung hineintragen kann.
- Aktive Zuwanderung von etwas größeren Pflanzenschädlingen wie z. B. Käfern

Man kann Pflanzen also nicht grundsätzlich vor einer Infektion schützen, es gibt jedoch verschiedene Möglichkeiten, die Wahrscheinlichkeit eines Befalls herabzusetzen:

- Eine ausgewogene Pflanzenernährung, bei der die Pflanze mit allen notwendigen Nährstoffen ausreichend versorgt ist, vermindert die Anfälligkeit. Die Pflanzen sollten jedoch auch nicht übermäßig, insbesondere mit Stickstoff, gedüngt werden, da dadurch das Pflanzengewebe sehr weich wird und z. B. Mehltaupilze und Blattläuse somit ideale Ernährungsbedingungen vorfinden.
- Den Pflanzen sollte durch eine artgerechte Standortauswahl in Bezug auf Licht, Temperatur und Luftfeuchtigkeit ein optimales Wachstum ermöglicht werden, da gesunde Gewächse weniger anfällig sind als geschwächte.
- Auch durch die Anwendung von Pflanzenhilfs- und Pflanzenstärkungsmitteln wird die Vitalität der Pflanzen erhöht, indem die natürlichen Abwehrmechanismen, die jeder pflanzliche Organismus natürlicherweise gegen Schaderreger besitzt, aktiviert werden.
- Selbstverständlich sollten kranke Pflanzenteile regelmäßig entfernt werden, um die Ansteckungsgefahr für die noch gesunden Pflanzen und Pflanzenteile zu vermindern.

Das Zierpflanzen-Einmaleins – Pflegeansprüche der beliebtesten Pflanzenarten

Zimmer- und Wintergartenpflanzen

Kleine Flamingoblume, Anthurie

Anthurium-Scherzerianum-Hybride
Araceae, Aronstabgewächse

Immergrüne, horstbildende Staude mit ledrigen, dunkelgrünen Blättern. Die ganzjährig erscheinenden Blüten sind langstielig und bestehen aus einem gefärbten Hochblatt (meistens rot, aber auch in orange oder weiß erhältlich) und dem orangeroten, spiralig geformten Kolben.
Standort: Sehr hell, aber direkte Sonne vermeiden. Benötigt ganzjährig Zimmertemperatur, im Winter bei Heizungsluft für genügend Luftfeuchte sorgen.
Wasserbedarf: Während der Hauptwachstumszeit gleichmäßig feucht halten, im Winter sparsamer gießen. Nur kalkfreies und handwarmes Wasser verwenden.
Nährstoffbedarf: Während der Vegetationszeit 14tägig schwach dosiert düngen, im Winter keine Nährstoffgaben.
Vermehrung: Durch Teilung möglich.

Citrus-Gewächse gehören zu den ältesten Kübelpflanzen. Sie können das ganze Jahr über gleichzeitig blühen und fruchten.

Pflanzenschutz:
• Häufige Schädlinge: Spinnmilben (Seite 153), Blattläuse (Seite 137), Schildläuse (Seite 166), Thripse (Seite 157)
• Auf den Blättern unregelmäßig geformte, scharf begrenzte, braune Flecken:
Septoria-Blattflecken-Pilz (Seite 118)
→ befallene Pflanzenteile entfernen, bei starkem Befall Pflanze vernichten
• Blätter werden stumpfgrün welken und vergilben, Wurzelballen muffig riechend und verbräunt:
Staunässe und/oder Wurzelpilze (Seite 105, 117)
→ verbräunte Wurzeln entfernen, Triebe einkürzen, Pflanze trockener halten.

Zierspargel
Asparagus-Arten
Liliaceae, Liliengewächse

Kräuter und Sträucher mit zuweilen kletternden Stengeln. Die »Blätter« oder »Nadeln« der Pflanzen sind umgebildete Seitensprosse (Phyllocladien), die eigentlichen Blätter erscheinen meist als Dornen.
    A. densiflorus 'Sprengeri' mit stark verzweigten Stengeln und Knollenbildungen an den Wurzeln. Die überhängenden Zweige tragen nadelför-

mige Phyllocladien und zu Dornen reduzierte Blätter. A. *densiflorus* 'Meyeri' hat fedrige Zweige, die steif nach oben stehen. A. *falcatus* ist der großblättrigste Vertreter unter den Zierspargeln. Er kann lange Ranken bilden. A. *setaceus* (syn. A. *plumosus*) hat farngleiche Triebe mit feinen, nadelähnlichen Phyllocladien.
Standort: A. *densiflorus* und A. *falcatus* können sowohl in warmen als auch in kalten Zimmern stehen, gedeihen am hellen Fenster (ohne direkte Sonneneinstrahlung) und auch im halbschattigen Zimmer. Im Winter sollten sie nicht unter 10 °C stehen. A. *setaceus* ist empfindlicher.
Wasserbedarf: Gleichmäßig feucht halten, benötigt im Winter aber nur wenig Wasser.
Nährstoffbedarf: A. *densiflorus* und A. *falcatus* haben einen hohen Nährstoffbedarf, daher von März bis August wöchentlich düngen. A. *setaceus* kommt mit einer Düngung im zweiwöchigen Abstand während der Vegetationszeit aus.
Vermehrung: Vegetativ durch Teilung oder durch Aussaat.
Pflanzenschutz:
• Häufige Schädlinge: Spinnmilben (Seite 153), Schildläuse (Seite 166)
• Blätter vergilben und fallen ab: *zu hohe Wassergaben* (Seite 12)
→ Pflanze trockener halten

Blütenbegonie
Begonia-Elatior-Hybride
Begoniaceae, Begonien- oder Schiefblattgewächse

Kompakt wachsende Pflanze mit den für die Familie typischen asymmetrischen Blättern. Blütenbegonien haben fleischige Triebe und sind beliebt wegen ihrer üppigen und langandauernden Blüte. Die Blütenfarben reichen von Weiß über Gelb und Rot bis hin zu verschiedenen Lachs- und Rosatönen. Die Blüten können einfach oder gefüllt sein. Die natürliche Blütezeit der Elatiorbegonie fällt in den Winter, also in den Kurztag. Durch Steuerung der Belichtungszeit in den Gärtnereien sind Begonien aber ganzjährig blühend im Handel.
Standort: Ganzjährig bei Zimmertemperatur an einem hellen, vor praller Sonne geschütztem Platz.
Wasserbedarf: Verlangt gleichmäßige Feuchte ohne Staunässe oder Ballentrockenheit.
Nährstoffbedarf: Solange die Pflanze in Blüte steht, 14tägig einen Blütenpflanzendünger geben.
Vermehrung: Vegetativ durch Kopfstecklinge, gelingt meistens nur in einem geheizten Vermehrungsbeet.
Pflanzenschutz:
• Häufige Schädlinge: Blattläuse (Seite 137), Trauermücken und ihre Larven (Seite 171)
• Deformierte Blätter mit Verkorkungen, die auch an Stengeln und Blüten auftreten: *Weichhautmilben* (Seite 180)
→ Rückschnitt, evtl. Pflanze vernichten, Luftfeuchte absenken
• An den Blattunterseiten dunkel gefärbte, von Blattadern scharf begrenzte, eckige Flecken: *Blattälchen* (Seite 181)
→ versuchsweise befallene Pflanzenteile wegschneiden, sonst Pflanze vernichten
• Auf Blättern und/oder Blüten fleckenweise weißlicher, mehlartiger Belag:

Verschiedene Palmenarten erfreuen sich in Wintergärten größter Beliebtheit.

Echter Mehltau (Seite 119)
→ Lecithinpräparat (Seite 119)
• Dunkelbraune Faulstellen an Stengeln und Blättern, Stengel knicken um: *Stengel- und Blattfäule* (verschiedene pilzliche Erreger)
→ Versuchsweise befallene Pflanzenteile wegschneiden, sonst Pflanze vernichten
• Flecken auf den Blättern, die von blattunterseits im Gegenlicht glasig bis ölig erscheinen: *Ölfleckenkrankheit* (bakterieller Erreger, Seite 113)
→ Pflanze vernichten.

Goldfruchtpalme
Chrysalidocarpus lutescens
Arecaceae, Palmen

Trichterförmige Palme aus Madagaskar mit mehreren rohrähnlichen Stämmen, die einem Rhizom entspringen. Die Wedel sind lang und gebogen und bestehen aus gelblich-grünen Blättern. Die Goldfruchtpalme wird leicht mit der Arecapalme verwechselt, welche aber erst im Alter die gefiederten Blätter entwickelt, die dann ein dunkleres Grün besitzen als die der Goldfruchtpalme.
Standort: Hell, ohne direkte Sonneneinstrahlung. Palmen mögen es warm, auch im Winter nicht unter 16 °C. Für ausreichend hohe Luftfeuchtigkeit sorgen. Im Sommer steht die Goldfruchtpalme gern draußen, muß jedoch langsam an das Sonnenlicht gewöhnt werden.
Wasserbedarf: Hoch, muß ganzjährig gut feucht gehalten werden.
Nährstoffbedarf: Gering, monatlich während der Hauptwachstumszeit von März bis August düngen.

Vermehrung: Vegetative Vermehrung durch Teilung oder durch Aussaat (Keimzeit von mehreren Wochen).
Pflanzenschutz:
• Häufige Schädlinge: Thripse (Seite 157), Spinnmilben (Seite 153), Schildläuse (Seite 166), Woll- oder Schmierläuse (Seite 159).
• Blattspreiten rollen sich ein und/oder werden »papierblättrig«: *Wassermangel*
→ häufiger gießen
• Blattspitzen werden braun, häufig im Winter:
meistens Staunässe, aber auch durch zu trockene Luft (Seite 11)
→ Ansprüche beachten, Pflege optimieren.

Russischer Wein, Königswein
Cissus-Arten
Vitaceae, Rebengewächse

Immergrüne, rankende Kletterpflanzen, beliebt wegen ihres attraktiven Laubes. Vor allem zwei Arten eignen sich als Zimmerpflanzen:
C. antarctica, der russische Wein, mit glänzend grünen, festen, am Rand gesägten Blättern und
C. rhombifolia, der Königswein, mit mattgrünen, dreigeteilten Blättern.
Beide Arten können sowohl hochgebunden als auch hängend verwendet werden.
Standort: Hell bis halbschattig, keine direkte Sonneneinstrahlung. Beide Arten können ganzjährig bei Zimmertemperatur gehalten werden, vertragen im Winter aber auch eine Temperaturabsenkung bis auf ca. 10 °C.
Wasserbedarf: Gleichmäßig feucht

Cissus rhombifolia als Ampelpflanze.

halten, im kühlen Winterquartier unbedingt Staunässe vermeiden.
Nährstoffbedarf: Mittelstarkzehrer, 14tägig von März bis August düngen.
Vermehrung: Vegetativ durch Kopfstecklinge, die auch in einem Glas Wasser bewurzeln.
Pflanzenschutz:
• Häufige Schädlinge: Woll- oder

Schmierläuse (Seite 159), Spinnmilben (Seite 153)
• Die jüngsten Blätter entfalten sich nicht:
Weichhautmilben
→ Rückschnitt, evtl. Pflanze vernichten, Luftfeuchte absenken
• Dunkle Flecken auf den Blättern, oft auch weißer mehlartiger Belag zu erkennen:
Echter Mehltau (Seite 119)
→ Lecithinpräparat (Seite 119)
• Triebe werden welk und sterben ab, eingesunkene Stellen an den Stengeln:
Triebwelke (pilzlicher Erreger)
→ Kranke Triebe zurückschneiden.

Alpenveilchen
Cyclamen persicum
Primulaceae, Primelgewächse

Knollenpflanze mit gestielten, herz- oder nierenförmigen Blättern, die je nach Sorte grün sind oder eine Marmorierung aufzeigen. Die Blüten dieser überaus beliebten Zimmerpflanze sind ebenfalls gestielt und stehen über dem Laub. Das Farbspektrum der Blüten umfaßt Weiß, Rot und verschiedene Rosa- und Violetttöne. Einige Sorten haben ein andersfarbiges »Auge« in der Blütenmitte, andere Sorten haben einen andersfarbigen Blütenrand oder gefranste Blütenblätter. In der gleichen Farbvielfalt ist auch ein Sortiment von Minipflanzen erhältlich.
Standort: Alpenveilchen müssen generell hell und kühl stehen. Im Winter während der Blütezeit hält man sie am besten im kühlen, ungeheizten Schlafzimmer, im Sommer an einem halbschattigen Platz im Freien.
Wasserbedarf: Mäßig feucht halten,

Staunässe unbedingt vermeiden. Nicht auf die Knolle und nicht in die Pflanzenmitte gießen. Am besten von unten über die Untersetzer wässern. In den Sommermonaten trockener halten, und ab September die Wassergaben wieder langsam steigern.

Nährstoffbedarf: Vor und während der Blütezeit einmal wöchentlich düngen, während der sommerlichen Ruhezeit die Düngung einstellen.

Vermehrung: Durch Aussaat.

Pflanzenschutz:
- Häufige Schädlinge: Spinnmilben (Seite 153), Thripse (Seite 157)
- Blätter beulig verbogen, verkrüppelt, Blütenknospen verkümmern und vertrocknen, Blüten mißgestaltet
→ Weichhautmilben (Seite 180)
→ Rückschnitt, evtl. Pflanze vernichten, Luftfeuchte absenken
- Pflanzenwachstum gehemmt, Welkeerscheinungen, Knollen und Wurzeln von cremefarbenen, braunköpfigen Larven angefressen: *Dickmaulrüßlerlarven* (Seite 175)
→ *Heterorhabditis*-Nematoden (Seite 176)
- Blätter vergilben vom Blattgrund aus, zuerst einseitiges Welken und Absterben: *Cyclamen-Welke* (pilzlicher Erreger)
→ Staunässe vermeiden, befallene Pflanze vernichten
- Naßfaule Flecken auf den Blättern, weichfaule Blatt- und Blütenstiele, befallene Knospen entfalten sich nicht, mausgrauer Schimmelrasen: *Grauschimmel* (Seite 121)
→ befallene Blätter entfernen, Luftfeuchte senken, Pflanzenstärkungsmittel anwenden (Seite 119).

Dieffenbachie
Dieffenbachia-Arten
Araceae, Aronstabgewächse

Die immergrüne Dieffenbachie stammt aus dem tropischen Mittel- und Südamerika und ist nach Josef Dieffenbach, der im vorigen Jahrhundert viele Jahre lang Obergärtner im Botanischen Garten in Wien war, benannt worden. Sie verdankt ihre Beliebtheit ihren dekorativ gezeichneten Blättern, die weiß-grün oder gelbgrün gefärbt sind. Je nach Art wächst sie buschig oder bildet einen dickfleischigen Stamm. Dieffenbachien sind in allen Pflanzenteilen giftig.

Standort: Wollen halbschattig ohne direkte Sonneneinstrahlung stehen. An einem zu dunklen Standort verblaßt die Blattfärbung. Kann ganzjährig bei Zimmertemperatur gehalten werden, verträgt aber weder Zugluft noch Temperaturschwankungen. Während der Heizperiode sollten Maßnahmen zur Erhöhung der relativen Luftfeuchtigkeit ergriffen werden.

Wasserbedarf: Während der Wachstumszeit von Frühjahr bis zum Spätsommer hat die Dieffenbachie einen hohen Wasserbedarf. Im Winter etwas sparsamer gießen.

Nährstoffbedarf: Hat einen mittleren Nährstoffbedarf, so daß 14tägig während der Wachstumszeit gedüngt werden sollte.

Vermehrung: Vegetativ durch Kopfstecklinge oder Stammstücke.

Pflanzenschutz:
- Häufige Schädlinge: Woll- oder Schmierläuse (Seite 159)
- Auf den Blättern braune Flecken mit gelbem Hof und dunklem Rand:

Blattfleckenkrankheit (Seite 118)
→ befallene Blätter entfernen, Luftfeuchte absenken
• Glasig weiche Wurzeln, an den
Stengeln Faulstelle mit gelblichem
Bakterienschleim, Blätter vergilben
(zuerst die unteren):
bakterielle Naßfäule (Seite 113)
→ Pflanze vernichten.

Drachenbaum

Dracaena-Arten
Agavaceae, Agavengewächse

Immergrüne Bäume und Sträucher, die
in den tropischen und subtropischen
Gebieten Afrikas und Asiens beheimatet sind. Charakteristisch sind die
orangefarbenen oder gelben Wurzeln.
Im Handel befindet sich eine Vielzahl
von Arten und Sorten, von denen die
folgenden die bekanntesten sind:
D. marginata hat schlanke Stämme
mit Blattschöpfen aus schmalen überhängenden Blättern, die dunkelgrün
mit braunroten Streifen oder, wie bei
der Sorte 'Tricolor', rosa-creme-grün
gestreift sein können.
D. fragrans bildet einen dicken
Stamm mit breitblättrigen Blattschöpfen, die grün sein können oder in Sorten auch gelb-grün oder weiß-grün
gestreift.
D. deremensis ist eine sehr langsam
wachsende Gattung mit spitzzulau-
fenden blaugrünen Blättern, die je
nach Sorte weiße Säume und/oder
weiße Mittelstreifen besitzen.
D. surculosa (syn. *D. godseffiana*)
weicht hinsichtlich ihres Wuchses und
ihrer Blattform völlig von den anderen
Dracaenen ab. Sie wächst strauchig
und hat ovale, dunkelgrüne Blätter
mit cremefarbenen Sprenkeln.

Standort: Grünblättrige *D. fragrans*
gedeihen in kühlen Wohnräumen sowohl in der Sonne als auch im Halbschatten. *D. marginata* und *D. deremensis* wollen einen hellen und warmen Raum, sind aber sehr unemp-
findlich gegenüber lufttrockenem
Klima. Buntblättrige Sorten von *D.fra-
grans*, *D.deremensis* und *D.surculosa*
wachsen in warmen hellen und luft-
feuchten Räumen sichtbar besser.
Wasserbedarf: Gleichmäßig leicht
feucht halten, reagieren sowohl auf
Ballentrockenheit als auch auf Staunässe sehr schnell mit Blattfall.
Nährstoffbedarf: Mittlerer Nährstoffbedarf, von März bis August 14tägig
düngen.
Vermehrung: Buntblättrige Sorten
können nur vegetativ durch Stammstücke oder Seitentriebe vermehrt
werden, grünblättrige Sorten können
auch ausgesät werden.
Pflanzenschutz:
• Häufige Schädlinge: Thripse (Seite
157), Spinnmilben (Seite 153), Schildläuse (Seite 166)
• Großflächige Blattvergilbungen,
Blattfall, verbräunte Wurzeln:
Staunässe und/oder Wurzelpilze
(Seite 105 und 117)
→ verbräunte Wurzeln entfernen,
Triebe einkürzen, Pflanze trockener
halten.

Efeutute

Epipremnum pinnatum
Araceae, Aronstabgewächse

Kletterpflanze mit gelb-grün panaschierten Blättern, deren Ranken bis
zu 10 m lang werden können. Kann
mit Hilfe ihrer Luftwurzeln an Moos-
stäben emporranken oder als Ampelpflanze verwendet werden. Ebenso
geeignet ist sie zur Begrünung von
Rankgerüsten.
Standort: Hell bis halbschattig. Die
Efeutute steht ganzjährig bei Zimmertemperatur und sollte auch im Winter
nicht unter 16 °C gehalten werden.
Wasserbedarf: Mäßig, aber gleichmäßig feucht halten. An hellen Standorten benötigt sie mehr Wasser als an
dunklen.
Nährstoffbedarf: Hoch, in der Hauptwachstumszeit wöchentlich düngen,
im Winter einmal monatlich.
Vermehrung: Durch Kopf- oder Teilstecklinge, die auch in einem Glas
Wasser Wurzeln schlagen.
Pflanzenschutz:
• Blätter vergrünen:
zu wenig Licht
→ heller stellen
• Blätter vergilben und fallen ab,
Wurzeln sind verbräunt und muffig
riechend:
Staunässe und/oder Wurzelpilze
(Seite 105 und 117)
→ verbräunte Wurzeln entfernen,
Triebe einkürzen, Pflanze trockener
halten
• Blätter bekommen braune Flecken:
Standort zu kühl und naß
→ wärmer stellen und weniger gie-
ßen.

*Weihnachtssterne in verschiedenen
Wuchsformen.*

Weihnachtsstern

Euphorbia pulcherrima
Euphorbiaceae, Wolfsmilchgewächse

Milchsaftführende, ein- oder mehr-
triebig gezogene Topfpflanze, die ihren Hauptabsatz zur Weihnachtszeit
hat. Die eigentlichen Blüten sind gelb
und unscheinbar, attraktiv sind die
weiß, rosa oder rot gefärbten Hochblätter. Die natürliche Blütezeit reicht
von November bis Januar, durch
Lichtsteuerung kann sie auch ganzjährig zum Blühen gebracht werden.
Weihnachtssterne werden oft als Sai-
sonpflanze gehalten, können aber
auch mehrjährig kultiviert werden,
wenn die Pflanze nach der Blüte (gemeint sind die echten Blüten, nicht die
gefärbten Hochblätter) zurückgeschnitten wird.
Standort: Hell und warm. In den Wintermonaten ist volle Sonne möglich.
Während der Blütezeit verträgt die
Pflanze auch etwas tiefere Temperaturen (nicht unter 15 °C), was zu einer
Verlängerung der Blütezeit führt.
Weihnachtssterne sind empfindlich

gegenüber Zugluft und trockener Heizungsluft.

Wasserbedarf: Während der Austriebs- und Blütezeit gleichmäßig feucht halten, nach dem Rückschnitt vorübergehend weniger gießen.

Nährstoffbedarf: Während der Austriebs- und Blütezeit 14tägig düngen.

Vermehrung: Durch Kopf- oder Teilstecklinge. Vor dem Stecken muß der Milchsaft abgetrocknet sein. Bewurzelung ist nicht ganz einfach.

Pflanzenschutz:
- Häufige Schädlinge: Blattläuse (Seite 137), Weiße Fliegen (Seite 148), Trauermücken und ihre Larven (Seite 171), Woll- oder Schmierläuse (Seite 159)
- Blattfall:
Ballentrockenheit, Staunässe, Zugluft oder zu tiefe Temperaturen, schlechte Pflanzenqualität durch mangelhafte Abhärtung bei der Produktion
→ Pflege optimieren, Pflanzen nur in guten Fachgeschäften kaufen
- Plötzliche Welke ohne vorhergehende Vergilbungen:
Pythium-Wurzelfäule meistens verursacht durch zu hohe Wassergaben bei zu kühlem Stand (Seite 117)
→ Pflanze vernichten.

Birkenfeige, Gummibaum, Geigenfeige, Kletterfeige
Ficus-Arten
Moraceae, Maulbeerbaumgewächse

In den Tropen und Subtropen beheimatete Gattung immergrüner oder laubabwerfender Bäume, Sträucher und Kletterpflanzen mit Haftwurzeln. Als Zimmerpflanzen werden hauptsächlich immergrüne Arten angeboten.

F. benjamina (Birkenfeige): Zur Zeit der beliebteste *Ficus*, immergrüner, kleinblättriger Baum mit hängenden Zweigen, der im Winter einen Teil seiner Blätter abwirft. Bildet oftmals auch Luftwurzeln. Ist sowohl in Sorten mit grünen Blättern als auch buntblättrig zu erhalten.

F. elastica (Gummibaum): Kräftig wachsender immergrüner Baum mit länglich-elliptischen, glänzend dunkelgrünen Blättern. Wird in seiner Heimat bis zu 25 m hoch. Verzweigt sich, wenn man die Spitze entfernt. Sehr verbreitet ist die grüne Sorte 'Decora', aber auch buntlaubige Sorten sind erhältlich.

F. lyrata (Geigenfeige): Großblättriger Baum mit geigenförmigen Blättern, die von einem hellen Adernetz durchzogen sind.

F. pumila (Kletterfeige): Kleinblättrige Kletterpflanze mit Haftwurzeln, die sich auch als Hängepflanze verwenden läßt. Neben verschiedenen grünblättrigen Sorten gibt es auch Pflanzen mit weiß-grün panaschierten Blättern.

Standort: Alle *Ficus*-Arten gedeihen am besten an hellen Standorten, müssen aber im Sommer vor direkter Sonneneinstrahlung geschützt werden. Die buntlaubigen Sorten benötigen mehr Licht als die grünen. *F. pumila* ist auch mit einem halbschattigen Standort zufrieden, bildet dann aber kleinere Blätter in größeren Abständen aus. *F. benjamina* verträgt keine Zugluft. Alle aufgeführten *Ficus*-Arten können ganzjährig bei Zimmertemperatur kultiviert werden. Ältere grünblättrige Arten können auch kühler stehen.

Wasserbedarf: Gleichmäßig feucht halten, im Winter besonders sparsam

Spinnmilben am Gummibaum.

Thrips am Gummibaum.

gießen. Blattfall bei Ballentrockenheit und Staunässe.

Nährstoffbedarf: Mittlerer Nährstoffbedarf, während der Wachstumszeit 14tägig düngen.

Vermehrung: Vegetative Vermehrung durch Kopf- und Teilstecklinge, *F. elastica* und *F. lyrata* kann man auch abmoosen.

Pflanzenschutz:
• Häufige Schädlinge: Schildläuse (Seite 166), Woll- oder Schmierläuse (Seite 159), Thripse (Seite 157)
• Vor allem am Blattrand große, gelbbraune, eingesunkene Flecken, meistens durch einen dunklen Rand scharf abgegrenzt:
Brennfleckenkrankheit (pilzlicher Erreger)
→ befallene Blätter vernichten, starke Temperaturschwankungen vermeiden
• Wachstropfen an den Blattstielen:
unsicher, wahrscheinlich Pflegefehler
→ Ansprüche beachten, Pflege optimieren
• Besonders *F. pumila:* junge Blätter wachsen schlecht und verkrüppeln, Triebspitzen trocknen ein:
Weichhautmilben (Seite 180)
→ Rückschnitt, evtl. Pflanze vernichten, Luftfeuchte absenken

• Besonders *F. elastica*: Blätter vertrocknen vom Rand her, werden gelb braun und fallen ab, betrifft zuerst die älteren Blätter:
ungleichmäßige Wasserversorgung, zu starke Sonneneinstrahlung oder zu niedrige Luftfeuchtigkeit
→ Ansprüche beachten, Pflege optimieren
• Besonders *F. bejamina*:
Blattfall:
zu dunkler Standort, Zugluft oder Pflanze gedreht
→ Ansprüche beachten, Pflege optimieren.

Efeu
Hedera helix
Araliaceae, Araliengewächse

Ampelpflanze mit 3- bis 5lappigen Blättern, die ganzrandige, ovale, spitz auslaufend oder stark eingebuchtete Formen annehmen können. Zum Teil bilden die Ranken Haftwurzeln, die zum Festklammern dienen. Es gibt sowohl grüne wie auch grün-weiß oder grün-gelb panaschierte Sorten.

Standort: Hell bis halbschattig für die buntblättrigen Sorten. Die grünen Efeupflanzen können halbschattig bis

Efeu-Sorten können sowohl grüne als auch grün-weiß oder grün-gelb panaschierte Blätter haben.

Das Zierpflanzen-Einmaleins

schattig stehen. Alle Sorten vertragen ganzjährig Zimmertemperatur, können aber auch kalt überwintert werden (buntblättrige Sorten jedoch nicht unter 15 °C).
Wasserbedarf: Während der Wachstumszeit gleichmäßig feucht halten. Im Winter, vor allem bei kühler Überwinterung, nur wenig gießen. Bei trockener Heizungsluft müssen vor allem die buntblättrigen Sorten oft mit kalkfreiem Wasser besprüht werden, da sich sonst schnell Spinnmilben einfinden.
Nährstoffbedarf: Mittlerer Nährstoffbedarf, von März bis August ca. 14tägig düngen.
Vermehrung: Durch Kopfstecklinge, die auch sehr leicht in einem Glas Wasser Wurzeln bilden.
Pflanzenschutz:
• Häufige Schädlinge: Spinnmilben (Seite 153), Thripse (Seite 157), Schildläuse (Seite 166), Woll- oder Schmierläuse (Seite 159)
• Besonders an buntblättrigen Sorten sind Blätter gekräuselt und mißgebildet, Triebenden verkahlen:
Weichhautmilben (Seite 180)
→ Rückschnitt, evtl. Pflanze vernichten, Luftfeuchte absenken
• Flecken verschiedener Form und Größe, Blätter vertrocknen ganz oder partiell:
Blattfleckenpilze (Seite 118)
→ Laub trockener halten.

Flammendes Käthchen
Kalanchoe blossfeldiana
Crassulaceae, Dickblattgewächse

Das Flammende Käthchen stammt aus Madagaskar und ist seit 1928 als Topfpflanze bekannt. Es steht auf der Beliebtheitsskala immer noch ganz oben. Als Topfpflanze wächst es aufrecht und wenig verzweigt bis zu einer Höhe von etwa 30 cm. Die Blätter sind dunkelgrün, glatt und leicht sukkulent, die Blüten sind in sogenannten Trugdolden angeordnet. Dank ständiger züchterischer Bearbeitung gibt es inzwischen viele verschiedene Blütenfarben von Gelb, Orange über Rot und Rosa bis hin zu Violett.

Kalanchoe sind Kurztagspflanzen und setzen nach dem Abblühen nur dann neue Blüten an, wenn sie pro Tag nicht mehr als 10 Stunden Licht bekommen. Dafür kann man ca. 5 Wochen lang täglich von 17.00 bis 8.00 Uhr einen Eimer oder Karton über die Pflanze stülpen. Ihre Hauptblütezeit ist Februar bis Mai.
Standort: Sonnig und ganzjährig bei Zimmertemperatur, nur während der Verdunklungsphase etwas kühler stellen.
Wasserbedarf: Mäßig feucht halten. Kann ruhig etwas austrocknen, bevor erneut gegossen wird. Im Winter die Wassergaben noch weiter verringern, fast trocken halten.
Nährstoffbedarf: Mittelstarkzehrende Pflanze, von März bis August 14tägig düngen.
Vermehrung: Im Frühjahr oder Sommer vegetativ durch Stecklinge, die aus 2 bis 3 Blattpaaren bestehen.
Pflanzenschutz:
• Häufige Schädlinge: Blattläuse (Seite 137), Woll- oder Schmierläuse (Seite 159)
• An Wurzeln saugen Tiere, die mit weißen, watteartigen Wachsausscheidungen bedeckt sind:
Wurzelläuse (Seite 179)
→ mit Naturpyrethrumpräparat gießen (Seite 129).

Die Blüten des Flammenden Käthchens haben eine enorme Leuchtkraft.

Elefantenfuß, Flaschenbaum

Nolina recurvata (syn. *Beaucarnea recurvata*)
Agavaceae, Agavengewächse

Langsam wachsender Baum mit überhängenden Blattschöpfen und verdicktem Stamm, der in der Heimat Mexico als Wasserspeicher für Trockenzeiten dient. Kann unter guten Wachstumsbedingungen meterhoch werden. Benötigt einen eher flachen Blumentopf, der nur wenig größer sein soll als die Stammknolle.
Standort: Hell bis vollsonnig, kann im Sommer auch im Freiland gehalten werden. Im Winter steht der Flaschenbaum am besten an einem hellen und kühlen Platz aber nicht unter 10 °C.
Wasserbedarf: In den Sommermonaten mäßig feucht halten, kann zwischendurch auch ruhig einmal austrocknen. Im Winter benötigt er nur sehr wenig Wasser, verträgt absolut keine Staunässe.
Nährstoffbedarf: Schwachzehrende Zimmerpflanze, die von März bis September einmal monatlich gedüngt wird.
Vermehrung: Manchmal bilden sich Seitensprosse, die abgetrennt werden können, sonst durch Aussaat.
Pflanzenschutz:
• Häufige Schädlinge: Spinnmilben (Seite 153), Schildläuse (Seite 166), Thripse (Seite 157)
• Verbräunte Wurzeln, muffig riechender Topfballen:
Staunässe und/oder Wurzelpilze (Seite 105 und 117)
→ verbräunte Wurzeln entfernen, Triebe einkürzen, Pflanze trockener halten.

Baumfreund
Philodendron-Arten
Araceae, Aronstabgewächse

Immergrüne Sträucher und Kletterpflanzen mit Luftwurzeln. Die beiden wichtigsten Arten sind:
P. erubescens, ein aufrecht und schnell wachsender Kletterer. Die dunkelgrünen, länglich-herzförmigen Blätter werden 15 bis 35 cm lang und 12 bis 20 cm breit und haben lange rote Stiele.

P. scandens ist eine schnellwüchsige Schlingpflanze, die sowohl am Moosstab wächst, als auch als Ampelpflanze Verwendung findet. Im Topf werden ihre grünen, herzförmigen Blätter 7 bis 10 cm lang und 4 bis 6 cm breit.

Weit verbreitet ist auch *P. selloum*, eine buschig wachsende Art mit glänzend grünen, bis zu 60 cm langen Blättern, die fingerförmig geteilt sind.

Standort: Robuste, widerstandsfähige Pflanzen, die mit einem halbschattigen Standort auskommen, gern aber auch heller stehen. Direkte Sonne vermeiden. Philodendren werden ganzjährig bei Zimmertemperatur gehalten, vertragen im Winter aber auch eine Temperaturabsenkung bis auf 12 °C.

Wasserbedarf: Von März bis August gleichmäßig gut feucht halten, im Winter weniger gießen.

Nährstoffbedarf: Mittelstarkzehrer, daher von März bis August im 14tägigen Rhythmus gießen.

Vermehrung: Durch Kopf- oder Teilstecklinge, können auch abgemoost werden.

Pflanzenschutz:
- Häufige Schädlinge: Spinnmilben (Seite 153), Thripse (Seite 157)

- Wurzeln und Stengelgrund sind braun und faulig:
Wurzelpilze (Seite 117)
→ verbräunte Wurzeln entfernen, Triebe einkürzen, Pflanze trockener halten
- Unregelmäßig geformte, scharf begrenzte, braune Flecken:
Sonnenbrand (Seite 87)
→ Pflanze nicht in die direkte Sonne stellen.

Zimmerazalee
Rhododendron-Simsii-Hybride
Ericaceae, Heidekrautgewächse

In den Wintermonaten von November bis März reichblühende Topfpflanze mit roten, weißen, rosa oder violetten Blüten. Auch zweifarbige Sorten sind weit verbreitet. Zimmerazaleen sind buschig wachsend, als Hochstämme oder als Pyramide gezogen im Handel. Nach der Blüte werden die Triebe etwas gestutzt. Die Pflanzen können in der frostfreien Periode mit ihren Töpfen im Garten versenkt oder auf dem Balkon an einem halbschattigen Platz übersommern.

Standort: Kühl und hell. Um die Pflanze zur Blüte zu bringen, sollte sie, sobald die Blütenknospen anschwellen, vorübergehend wärmer gestellt werden.

Wasserbedarf: Gleichmäßig feucht halten, nur entkalktes Wasser verwenden.

Nährstoffbedarf: Während der Wachstums- und Blütezeit 14tägig mit einem speziellen Rhododendrondünger düngen.

Vermehrung: Durch Kopfstecklinge, gelingt meistens nur in Spezialgärtnereien.

Zimmerazaleen können auch als Hochstämmchen gezogen werden.

Pflanzenschutz:
• Häufige Schädlinge: Spinnmilben (Seite 153), Dickmaulrüßler (Seite 175)
• Fleischig verdickte Blätter, Knospen oder Triebe mit samtig weißem Aussehen:
Ohrläppchenkrankheit (pilzlicher Erreger)
→ kranke Pflanzenteile sofort entfernen, bei starkem Befall Pflanze vernichten

• Blattfall:
Ballentrockenheit oder Staunässe
→ Pflanze gleichmäßig feucht halten, ohne daß Wasser im Untersetzer steht
• Jüngere Blätter vergilben, Blattadern treten dunkelgrün hervor:
Eisenmangel (Seite 87 und 112)
→ Pflanze in Rhododendronerde umtopfen, Blattdüngung mit eisenhaltigem Spezialdünger, nur mit kalkfreiem Wasser gießen.

Topfrose
Rosa chinensis
Rosaceae, Rosengewächse

Zwergrose, die nur 25 bis 40 cm hoch wird. Die zumeist gefüllten Blüten erscheinen von März bis Oktober in Rot, Gelb, Weiß und verschiedenen Rosatönen. Das Ausschneiden der verwelkten Blüten fördert die Nachblüte. Wie ihre Verwandten im Garten, sind auch die Minis sommerblühende Sträucher, die im Winter ihr Laub abwerfen und dann eine kühle Ruheperiode verlangen. **Standort**: Hell bis sonnig und vor allem luftig. Möchte im Sommer am liebsten ein Plätzchen im Freien. Überwinterung bei ca. 5 °C.
Wasserbedarf: Mäßig feucht halten, im Winter nur sehr geringer Wasserbedarf.
Nährstoffbedarf: Während der Wachstums- und Blütezeit starkzehrende Pflanze, die einmal wöchentlich gedüngt werden sollte. Im Winter entfallen die Nährstoffgaben.
Vermehrung: Von März bis Mai Kopfstecklinge schneiden.
Pflanzenschutz:
• Häufige Schädlinge: Blattläuse (Seite 137), Spinnmilben (Seite 153)
• Auf Blättern und/oder Blüten fleckenweise weißlicher, mehlartiger Belag:
Echter Mehltau (Seite 119)
→ vorbeugend Pflanzenstärkungsmittel, bei Anfangsbefall Lecithinpräparat, stark befallene Triebe zurückschneiden (Seite 119).

Usambaraveilchen
Saintpaulia ionantha
Gesneriaceae, Gesneriengewächse

Immergrüne, rosettenbildende Topfpflanze, beliebt wegen ihrer dekorativen Blüten. Die Blätter sind langstielig, fast rund, fleischig und oft behaart. Die ganzjährig erscheinenden Blüten bilden lockere Büschel, die die Blätter überragen. Es gibt zahlreiche Sorten mit gefüllten oder einfachen Blüten, einige haben zudem gefranste oder gekräuselte Blütenblätter. Die Blütenfarbe reicht von Weiß, Rosa oder Rot bis hin zu Purpur und verschiedenen Blautönen. Sie sind ein- oder zweifarbig. Sehr beliebt sind auch die Sorten der Mini-Usambaraveilchen.
Standort: Halbschattig, direkte Sonne unbedingt vermeiden. Benötigt einen gleichmäßig warmen Platz, an dem die Temperatur nicht unter 18 °C abfällt. Gedeiht am besten bei hoher Luftfeuchtigkeit.
Wasserbedarf: Mit kalkfreiem, handwarmem Wasser gießen, das nicht auf die Blätter gelangen sollte, sondern von unten über den Untersetzer gegeben wird. Während der Blütezeit gleichmäßig feucht halten, in den Blühpausen weniger gießen.
Nährstoffbedarf: Während der Blütezeit alle 2 Wochen düngen, in den Blühpausen auf Dünger verzichten.
Vermehrung: Im Sommer durch Blattstecklinge.
Pflanzenschutz:
• Häufige Schädlinge: Blattläuse (Seite 137), Trauermücken und ihre Larven (Seite 171)
• Herzblätter verkrüppelt, verbogen, im Wachstum gehemmt und zuletzt abgestorben:

Weichhautmilben (Seite 180)
→ Rückschnitt, evtl. Pflanze vernichten, Luftfeuchte absenken
• Auf der Blattunterseite schmutzig braune, eingesunkene Flecken:
Blattälchen (Seite 181)
→ versuchsweise befallene Pflanzenteile entfernen, sonst Pflanze vernichten
• Graubrauner Schimmelrasen vorwiegend auf verwelkten Blättern und Blüten, auch gesunde Pflanzenteile können angegriffen werden:
Grauschimmel (Seite 121)
→ Befallene Blätter entfernen, Luftfeuchte senken, Pflanzenstärkungsmittel anwenden (Seite 119)
• Unregelmäßig geformte, gelbe Flecken auf den Blättern:
Kaltes Wasser auf den Blättern
→ Pflanze nur mit handwarmen Wasser über den Untersetzer gießen.

Strahlenaralie
Schefflera arboricola
Araliaceae, Araliengewächse

Schnellwüchsige, immergrüne Blattpflanze, die in ihrer australischen Heimat zu einem bis zu 40 m hohen Baum heranwächst. Sie hat gestielte handförmige Blätter, die je nach Sorte grün oder gelb-grün panaschiert sind.
Standort: Mittlere Lichtansprüche, besonders die grünen Sorten vertragen auch Halbschatten. Kann ganzjährig bei Zimmertemperatur stehen. Vorteilhaft ist aber eine etwas kühlere Überwinterung der grünlaubigen Sorten (bunte nicht unter 18°).
Wasserbedarf: Mäßig gießen, Ballentrockenheit und Staunässe vermeiden. Bei kühler Überwinterung die Wassergaben reduzieren.

Strahlenaralien sind robuste Zimmerpflanzen.

Nährstoffbedarf: Mittlerer Nährstoffbedarf, 14tägig während der Wachstumszeit düngen.
Vermehrung: Vegetativ durch Kopfstecklinge, Aussaat ist ebenfalls möglich.
Pflanzenschutz:
• Häufige Schädlinge: Blattläuse (Seite 137), Schildläuse (Seite 166), Thripse (Seite 157)
• Junge Blätter im Wachstum gehemmt und verkrüppelt, Triebspitzen trocknen ein:
Weichhautmilben (Seite 180)
→ Rückschnitt, evtl. Pflanze vernichten, Luftfeuchte absenken
• Blattfall:
Kälte und/oder Zugluft
→ Ansprüche beachten, Pflege optimieren.

Gloxinie

Sinningia-Hybride
Gesnericeae, Gesneriengewächse

Knollenpflanze mit großen, samtigen Blättern und ebenfalls großen, von März bis August erscheinenden Blüten in Glockenform. Die Standardblütenfarbe ist Rot aber es gibt auch weiße Gloxinien und verschiedene Sorten in Rosa- und Violettönen. Im Winter werden Blüten und Blätter abgeworfen, so daß in der Ruhezeit nur die Knolle überwintert. Oft gelingt das Antreiben im Frühjahr nicht besonders gut, da die neuen, reichblühenden Sorten nur sehr kleine Knollen haben.
Standort: Hell, aber keine direkte Sonne, an einem warmen Platz. Mag hohe Luftfeuchte und muß vor Zugluft geschützt werden. Die Knollen im Winter kühl und dunkel in der alten Erde aufstellen.
Wasserbedarf: Während der Blütezeit gleichmäßig feucht halten, und wie bei allen Gesneriaceaen nur handwarmes, kalkfreies Wasser verwenden, das keinesfalls auf die Blätter gelangen darf. Daher nur von unten gießen. Nach der Blüte die Wassergaben langsam verringern, bis alle Blätter verwelkt sind. Den Winter über kein Wasser geben und im Frühjahr, nach dem Umtopfen, die Wassergaben wieder langsam steigern.
Nährstoffbedarf: Soll die Pflanze überwintert werden, während der Blütezeit und während des Austriebs wöchentlich düngen, sonst sind die Nährstoffvorräte in der Knolle ausreichend.
Vermehrung: Aussaat und Blattstecklinge möglich, aber sehr aufwendig.
Pflanzenschutz:
• Häufige Schädlinge: Blattläuse

(Seite 137), Spinnmilben (Seite 153)
• Mißgebildete, wellig gekräuselte Blätter, verkrüppelte Herzblätter: *Weichhautmilben* (Seite 180)
→ Rückschnitt, evtl. Pflanze vernichten, Luftfeuchte absenken
• Blätter silbrig glänzend, auf der Blattunterseite bräunlich grindige Stellen und schwarze Kotflecken, Blüten fleckig und mißgebildet: *Thripse* (Seite 157)
→ Florfliegenlarven (Seite 141), Naturpyrethrumpräparate (Seite 129)
• Stengelgrund und Wurzelansätze verfärben sich braun und faulen, Pflanze knickt ab: *Herz- oder Stammfäule* (pilzlicher Erreger)
→ Pflanze vernichten, vorbeugend trockener halten, nur wenig Stickstoff düngen
• Faulende Blattstiele, Blätter und Blütenstände mit mausgrauem Pilzrasen bedeckt: *Grauschimmel* (Seite 121)
→ befallene Blätter entfernen, Luftfeuchte senken, Pflanzenstärkungsmittel anwenden (Seite 119).

Einblatt

Spathiphyllum-Arten
Araceae, Aronstabgewächse

Robuste, immergrüne Zimmerpflanze, mit lanzettlichen, glänzend grünen Blättern. Von März bis September bildet die Pflanze weiße Blütenstände, die wie bei allen Vertretern der Aronstabgewächsen aus einem Hochblatt und einem Blütenkolben bestehen. Als Zimmerpflanzen eignen sich besonders die Sorten von *S. floribundum* und die insgesamt etwas größer werdenden *S. wallisii*.

Das Einblatt zählt zu den wenigen Blütenpflanzen, die auch mit wenig Licht auskommmen.

Standort: Verträgt während der Blüte halbschattige bis schattige Standorte, sollte im Winter aber einen hellen Fensterplatz ohne direkte Sonne bekommen. Benötigt ganzjährig Zimmertemperatur, die auch im Winter nicht unter 15 °C. abfallen sollte.

Wasserbedarf: Während der Vegetationszeit mäßig feucht halten, im Winter eine Ruhephase mit nur sparsamen Wassergaben einhalten.

Nährstoffbedarf: Mittelstarkzehrende Pflanze, von März bis September 14tägig düngen.

Vermehrung: Durch Aussaat oder Teilung.

Pflanzenschutz:
• Häufige Schädlinge: Spinnmilben (Seite 153)
• Pflanze welkt und vergilbt, an den Blattstielen im unteren Bereich zunächst glasige, später dunkle Flecken: *Stengelgrundfäule* (pilzliche Erreger, Seite 118)

→ Pflanze vernichten, vorbeugend weniger feucht halten.

Drehfrucht

Streptocarpus-Hybriden
Gesneriaceae, Gesneriengewächse

Immergrüne, von Mai bis September reichblühende Zimmerpflanze mit rosettenförmig angeordneten, langen Blättern und langgestielten, glockenförmigen Blüten. Im Handel sind verschiedene Hybriden, deren Blütenfarben von Weiß über Rosa und Lachs bis hin zu Violett und verschiedenen Blautönen reichen. Ihren deutschen Namen hat die Drehfrucht von ihren spiralig gedrehten Samenkapseln.
Standort: Hell bis halbschattig, ohne direkte Sonne. Wird ganzjährig bei Zimmertemperatur gehalten und mag hohe Luftfeuchte.
Wasserbedarf: Während der Blütezeit gleichmäßig feucht halten, im Winter etwas weniger gießen. Nur kalkfreies, handwarmes Wasser verwenden und darauf achten, daß die Blätter nicht benetzt werden.
Nährstoffbedarf: Während der Blütezeit im 14tägigen Abstand düngen, im Winter einmal im Monat.
Vermehrung: Durch Blattstecklinge im Frühjahr.
Pflanzenschutz:
• Häufige Schädlinge: Blattläuse (Seite 137), Spinnmilben (Seite 153), Thripse (Seite 157)
• Stengelgrund und Wurzelansätze verfärben sich braun, Blätter knicken ab, Pflanzenherz faulig:
Herz- und Stammfäule (pilzlicher Erreger)
→ Pflanze vernichten, vorbeugend weniger feucht halten

• Unregelmäßig geformte, gelbe Flekken auf den Blättern:
kaltes Wasser auf den Blättern
→ Pflanze nur mit handwarmen Wasser über den Untersetzer gießen.

Palmlilie

Yucca-Arten
Agavaceae, Agavengewächse

Immergrüne, stammbildende Pflanze mit dichten Blattschöpfen. *Y. aloifolia* hat graugrüne, harte Blätter, *Y. elephantipes* erkennt man an dem unten verdickten Stamm und den etwas weicheren, dunkelgrünen Blättern.
Standort: Hell bis sonnig, steht im Sommer gern im Freiland, mag es im Winter eher kühl (7 bis 10 °C), toleriert aber Zimmertemperatur.
Wasserbedarf: Von Frühjahr bis Herbst gleichmäßig feucht halten, im kühlen Winterquartier sehr sparsam gießen.
Nährstoffbedarf: Zählt zu den normalzehrenden Pflanzen und benötigt von Frühjahr bis Spätsommer Dünger im 2-Wochen-Rhythmus.
Vermehrung: Vegetativ durch Stammstücke oder Seitentriebe.
Pflanzenschutz:
• Häufige Schädlinge: Schildläuse (Seite 166)
• Grauweiße, filzartige, mehltauähnliche Beläge auf den Blättern:
Gallmilben
→ versuchsweise mehrfach mit Naturpyrethrumpräparat spritzen, bei starkem Befall Pflanze vernichten
• Untere Blätter werden hellgrün oder vergilben:
Lichtmangel (Seite 8)
→ Pflanze an einen sonnigen Platz stellen.

Balkon- und Kübelpflanzen

Schönmalve
Abutilon-Hybriden
Malvaceae, Malvengewächse

Aufrecht wachsender Strauch mit ahornähnlichem Laub und auffällig schönen, glockenförmigen Blüten, die je nach Sorte gelb, rot, orange oder auch zweifarbig erscheinen. Ist das Winterquartier hell genug, kann sie auch ganzjährig blühen. Bekannt sind auch die *Abutilon*-Sorten mit grüngelb panaschiertem Laub, dessen Färbung durch eine Virusinfektion hervorgerufen wird. Das Virus schadet den Pflanzen nicht und ist auch nicht übertragbar. Schönmalven werfen auch im Winter das Laub nicht ab.
Standort: Hell bis halbschattig, an einem vor Regen und Wind geschützten Platz. Im Winter eignet sich besonders ein unbeheizter Wintergarten, in dem die Pflanzen, wenn auch spärlich, weiterblühen. Das Winterquartier sollte nicht wärmer als 10 °C sein.
Wasserbedarf: Von April bis August reichlich gießen, im Winter die Wassergaben reduzieren, aber nicht ballentrocken werden lassen.
Nährstoffbedarf: In der Vegetationszeit von April bis August starkzehrende Pflanze, so daß sich eine Düngung im wöchentlichen Abstand empfiehlt.
Vermehrung: Vegetative Vermehrung durch Stecklinge im Frühjahr.
Rückschnitt: Im Herbst vor dem Einräumen ins Winterquartier oder im Frühjahr, bevor die Pflanze wieder treibt, werden die Triebe um etwa ein Drittel zurückgeschnitten. *Abutilon*

können auch zu Hochstämmchen gezogen werden.
Pflanzenschutz:
• Häufige Schädlinge: Weiße Fliegen (Seite 148), Blattläuse (Seite 137), Spinnmilben (Seite 153)
• Blüten matschig verklebt und mit einem mausgrauen Schimmelrasen übersät:
Grauschimmel durch zuviel Feuchtigkeit an den Blüten (Seite 121)
→ befallene Blüten entfernen, Pflanze regengeschützt aufstellen
• Blätter werden silbrig-hell, trocknen später ein und fallen ab:
Sonnenbrand (Seite 87)
→ Pflanze vor starker Sonnenstrahlung schützen
• Knospen und Blüten fallen ab:
Pflanze reagiert empfindlich auf Zugluft, extreme Temperaturschwankungen und Standortwechsel
→ Ansprüche beachten, Pflege optimieren.

Schmucklilie
Agapanthus-Arten
Liliaceae, Liliengewächse

Immergrüne Kübelpflanze mit langen, riemenförmigen Blättern, die grundständig in dichten Büschen zusammenstehen. Die von Juli bis September erscheinenden blauen oder auch weißen Blüten sitzen auf ca. 1 m langen Stielen. Sie entstehen nur dann, wenn die Pflanze kühl überwintert wurde. Schmucklilien sollten nur selten umgetopft werden, da nur Pflan-

Schönmalven haben auffällig hübsche, glockenförmige Blüten, die je nach Sorte gelb, rot, orange oder auch zweifarbig erscheinen.

Schmucklilien blühen nur, wenn sie kühl überwintert wurden.

zen in gut durchwurzelten Töpfen zur Blüte kommen.

Standort: Warm und geschützt in voller Sonne. Im Winter hell und kühl, nicht über 8 °C, bildet sonst keine Blüten.

Wasserbedarf: Benötigt während der Wachstumszeit sehr viel Wasser, so daß fast täglich gegossen werden muß. Staunässe vermeiden. Im Winter nur wenig gießen, die Blätter sollten aber nicht eintrocknen.

Nährstoffbedarf: Starkzehrende Pflanze, die in der Hauptvegetations-zeit wöchentlich Dünger benötigt.

Vermehrung: Durch Teilung, sollte nicht zu oft geschehen, da Schmuck-lilien danach nicht so gut blühen.

Rückschnitt: Entfällt, Schmucklilien wachsen in die Breite, wenn die Pflanze zu üppig wird, kann sie geteilt werden.

Pflanzenschutz:

• Blätter werden gelb, nasser, muffiger Topfballen, Wurzeln verbräunt: *Staunässe und/oder Wurzelpilze* (Seite 105 und 117)

→ verbräunte Wurzeln entfernen,

Strauchmargeriten fehlen auf keiner Terrasse.

Triebe einkürzen, Pflanze trockener halten
• Wenige oder gar keine Blütenbildung:
zu warmer Überwinterungstandort (Seite 20)
→ kühl (nicht über 8 °C) und hell überwintern
• Blätter zeigen streifen- oder bandförmige, in Längsrichtung verlaufende gelbgrüne Verfärbungen:
Virus (Seite 112)
→ Pflanze vernichten.

Strauchmargerite
Argyranthemum frutescens (syn. *Chrysanthemum frutescens*)
Compositae, Korbblütler

Strauchmargeriten zählen bei uns zu den beliebtesten Kübelpflanzen. Sie gehören zu den Halbsträuchern, sind immergrün und als buschige Pflanze oder Hochstämmchen im Handel. Die Blüten sind je nach Sorte weiß, gelb oder rosa und erscheinen ganzjährig, wenn ständig Verblühtes entfernt und die Pflanze hell überwintert wird. Strauchmargeriten sind sehr pflegeintensiv, da laufend verwelkte Blüten herausgeschnitten werden müssen, damit neue Blüten nachkommen.
Standort: Sonnig. Im Winter vertragen Strauchmargeriten keinen Frost und müssen daher frühzeitig eingeräumt werden. Am besten hell überwintern bei 5 bis 10 °C, dann blühen sie auch im Winter. Dunkle Überwinterung ist ebenfalls nach einem Rückschnitt möglich. Spätestens im Februar hell aufstellen.
Wasserbedarf: Ständig gut feucht halten. Im Winter, vor allem bei einer dunklen Überwinterung, nur wenig gießen.
Nährstoffbedarf: Von März bis August wöchentlich düngen. Starkzehrer!
Vermehrung: Im Frühjahr oder im Herbst durch Kopfstecklinge.
Rückschnitt: Bei einer hellen Überwinterung ist ein Rückschnitt nicht nötig, aber möglich, um die Pflanze wieder in Form zu bringen. Vor einer dunklen Überwinterung schneidet man Strauchmargeriten um etwa 50% zurück.

Knollenbegonien blühen in allen erdenklichen Farben außer in Blautönen.

Pflanzenschutz:
• Häufige Schädlinge: Blattläuse
(Seite 137)
• Gelbliche bis weiße Gänge
unter der Blattoberfläche:
Minierfliegen (Seite 182)
→ befallene Blätter entfernen, evtl.
Nützlingseinsatz
• Nasser, muffig riechender Wurzel-
ballen, verbräunte Wurzeln:
Staunässe und/oder Wurzelpilze
(Seite 105 und 117)
→ Verbräunte Wurzeln entfernen,
Pflanze trockener halten
• Krebsförmige, harte Wucherungen
an den verholzten Stengeln:
Bakterienkrebs (Agrobakterium,
Seite 104)
→ Pflanze vernichten.

Knollenbegonien
Begonia-Knollenbegonien-Hybriden
Begoniaceae, Begoniengewächse

Von Knollenbegonien gibt es hängende oder aufrecht wachsende Formen. Alle haben die für die Familie
typischen asymmetrischen Blätter.
Während die hängenden Sorten eher
kleinblumig sind, können aufrecht
wachsende Knollenbegonien bis zu
10 cm große Blüten entwickeln. Die
von Mai bis Oktober erscheinenden
Blüten sind einfach oder gefüllt, ein-
oder zweifarbig und blühen in allen
erdenklichen Farben außer in Blautönen.
Standort: Hell bis halbschattig. Von
den Knollenbegonien überwintert nur

die Knolle. Nach den ersten Nachtfrösten die vertrockneten oder erfrorenen Triebe zurückschneiden, die Knolle vorsichtig von der Erde befreien und und an einem luftigen und dunklen Platz bei etwa 5 bis 10 °C. aufstellen. Im März in feuchtem Torf an einem hellen und warmen Platz antreiben und dann in Töpfe oder Kästen pflanzen.

Wasserbedarf: Hoch, aber Staunässe unbedingt vermeiden. Knollen im Winter nicht gießen.

Nährstoffbedarf: Vom Austrieb bis Oktober in zweiwöchigem Abstand niedrig dosiert düngen.

Vermehrung: Durch Teilung der Knollen nach dem Austrieb.

Rückschnitt: Nach den ersten Frostnächten die vertrockneten und verfrorenen Triebe auf 2 bis 3 cm zurückschneiden.

Pflanzenschutz:
• Häufige Schädlinge: Blattläuse (Seite 137), Thripse (Seite 157)
• Deformierte Blätter mit Verkorkungen, die auch an Stengeln und Blüten auftreten:
Weichhautmilben (Seite 180)
→ Rückschnitt, evtl. Pflanze vernichten, Luftfeuchte absenken
• Auf Blättern und/oder Blüten fleckenweise weißlicher, mehlartiger Belag:
Echter Mehltau (Seite 119)
→ befallene Blätter entfernen, Lecithinpräparate anwenden (Seite 119).

Goldfieber, Zweizahn
Bidens ferulifolia
Compositae, Korbblütler

Die einjährige, gelbblühende Bidens gehört zu den Balkonpflanzenneuheiten, die sich bewährt haben. Sie ist starkwüchsig, pflegeleicht und wetterfest. Als überhängend wachsende Pflanze eignet sie sich zur Bepflanzung von Ampeln und Balkonkästen.

Standort: Sonnig.

Wasserbedarf: Hoch.

Nährstoffbedarf: Mittelstarkzehrer, 14tägig düngen.

Vermehrung: Durch Aussaat im Haus etwa im März.

Rückschnitt: Kahl gewordene oder zu lange Triebe können bedenkenlos zurückgenommen werden. Ein Überwinterungsrückschnitt entfällt, da die Pflanze einjährig ist.

Pflanzenschutz:
• Häufige Schädlinge: Blattläuse (Seite 137)

Blaues Gänseblümchen
Brachycome multifida
Compositae, Korbblütler

Das in Australien beheimatete Blaue Gänseblümchen wurde erst Anfang der 80er Jahre für den Beet- und Balkonpflanzenmarkt entdeckt. Es wird meistens einjährig kultiviert und hat dünne, gefiederte, etwa 30 cm lange Triebe. Die zahlreichen, von Mai bis September erscheinenden Blüten sind blau, violett oder weiß, haben eine goldgelbe Mitte und schließen sich in der Nacht und an trüben Regentagen.

Standort: Sonnig. Überwinterung hell und kühl bei etwa 5 bis 10 °C, ab

März, nach dem Rückschnitt wärmer stellen.

Wasserbedarf: Hoch, die Pflanze sollte nie austrocknen, verträgt aber auch keine Staunässe. Während der Überwinterung sollte der Ballen erst trocken werden, bevor wieder gegossen wird.

Nährstoffbedarf: Mittel, es sollte während der Blütezeit 14tägig, aber in schwacher Konzentration gedüngt werden, da die Pflanze salzempfindlich ist. Gut eignen sich auch organische Dünger.

Vermehrung: Im Frühjahr durch Kopf- oder Teilstecklinge oder durch Aussaat.

Rückschnitt: Im März alle Triebe etwa um die Hälfte einkürzen.

Pflanzenschutz:
- Häufige Schädlinge: Weiße Fliegen (Seite 148)
- Gelbliche bis weiße Gänge unter der Blattoberfläche: *Minierfliegen* (Seite 182)
→ befallene Blätter entfernen, evtl. Nützlingseinsatz.

Engelstrompete

Brugmansia-Arten (syn. *Datura*)
Solanaceae, Nachtschattengewächse

Vom Frühsommer bis spät in den Herbst reichblühende Kübelpflanze mit zahlreichen trompetenförmigen, stark duftenden Blüten. Die Pflanze wächst strauch- bis baumartig und hat relativ große Blätter. Im Handel sind mehrere Arten und Sorten, die weiße, gelbe, lachs- oder orangefarbene Blüten haben, erhältlich. Engelstrompeten sind in allen Pflanzenteilen giftig, besonders die Blüten und Samen.

Standort: Sonnig an einem windgeschützten Platz. Im Winter können Daturen sowohl hell als auch dunkel überwintert werden. Im ungeheizten Wintergarten blühen sie bis weit in den Winter hinein. Stark zurückgeschnitten können sie den Winter auch an einem dunklen und kühlen Ort überdauern.

Wasserbedarf: Benötigt in der Vegetationszeit reichlich Wasser, im Winter, vor allem bei dunkler Überwinterung nur wenig gießen.

Nährstoffbedarf: Starkzehrende Pflanze, von April bis August wöchentlich düngen.

Vermehrung: Stecklingsvermehrung von Frühjahr bis Herbst möglich. Bildet leicht Wurzeln.

Rückschnitt: Die Engelstrompete wird sehr stark, bis ins mehrjährige Holz zurückgeschnitten. Erfolgt die Überwinterung an einem hellen Platz wartet man mit dem Rückschnitt bis zum Frühjahr (Februar oder auch noch März), da die Pflanze dann bis weit in den Winter hinein blüht. Für ein dunkle Überwinterung sollte der Rückschnitt schon im Herbst beim Einräumen erfolgen.

Pflanzenschutz:
- Häufige Schädlinge: Blattläuse (Seite 137), Weiße Fliegen (Seite 148), Spinnmilben (Seite 153)
- Durchlöcherte und/oder verkrüppelte Blüten, Schäden werden beim Aufblühen der Knospen sichtbar: *Blattwanzen* (Seite 184)
→ Pflanzen bereits im Frühjahr öfters abschütteln und Wanzen absammeln
- Im Winter schrumpeln die Triebe ein, später grauer Schimmelrasen sichtbar, Pflanze treibt im Frühjahr nicht aus: *Grauschimmel* (Seite 121)

Die Engelstrompete ist sehr starkwüchsig. Sie wird jedes Jahr bis ins mehrjährige Holz zurückgeschnitten.

→ Bei Anfangsbefall die betroffenen Triebe tief wegschneiden
• Pflanze bildet keine Blüten:
zu lichtarmer Standort
→ an einen sonnigen Platz stellen.

Indisches Blumenrohr
Canna-Indica-Hybriden
Cannaceae, Cannagewächse

Sumpfpflanze mit knollig verdicktem Wurzelstock, die sowohl wegen ihres dekorativen Laubes als auch wegen ihrer auffällig schönen, von Juni bis Oktober erscheinenden Blüten kultiviert wird. Die Blätter sind je nach Sorte tiefgrün bis bronzegrün, die Blüten erscheinen in Weiß, Gelb, Orange, Lachs, Rosa oder Rot.
Standort: Verlangt volle Sonne. Im Winter genügt ein dunkler Platz bei 8 bis 10 °C, da nur die Rhizome in trockenem Sand oder Torf überwintert werden. Etwa ab März treiben die Pflanzen erneut und werden dann eingetopft, heller gestellt und wieder gegossen.
Wasserbedarf: Während der Vegetationszeit von März bis August ist der Wasserbedarf hoch, der Topf darf nicht austrocknen.
Nährstoffbedarf: Von März bis August sind wöchentliche Nährstoffgaben nötig.
Vermehrung: Durch Teilung der Knollen im Frühjahr vor dem Eintopfen.
Rückschnitt: Entfällt.
Pflanzenschutz:
• Faulige Wurzelstöcke im Winterquartier:
zu feuchte Haltung, Rhizome vor dem Einräumen nicht genügend abgetrocknet
→ Überwinterung der in Sand oder

Das Indische Blumenrohr verlangt einen vollsonnigen Standort.

Torf eingeschlagenen Rhizome an einem kühlen und trockenem Platz
• Die frisch ausgetriebenen Blätter werden zerfressen, Schleimspuren sichtbar:
Schnecken (Seite 182)
→ absammeln.

Zitronenbaum, Orangenbaum
Citrus-Arten
Rutaceae, Rautengewächse

Die Gattung *Citrus* umfaßt eine große Anzahl von Arten, von denen viele auch als Kübelpflanze angeboten wer-

den. Es sind immergrüne Gehölze, oft mit mehr oder weniger großen Dornen bestückt, die gleichzeitig und bei heller Überwinterung ganzjährig Blüten und Früchte tragen können. Sie sind nicht ganz einfach zu halten, waren aber auch in vergangenen Jahrhunderten schon sehr beliebt und haben den »Orangerien« der Könige und Fürsten ihren Namen gegeben. Häufig vertreten sind *C. limon*, der Zitronenbaum, *C. sinensis*, der Apfelsinenbaum, und *C. microcarpa*, ein kleinbleibendes Orangenbäumchen. **Standort**: Vollsonnig. Im Winter frühzeitig einräumen, da frostempfindlich. Ideal ist ein Wintergarten, in dem die Pflanzen bei bis zu 20 °C an einem luftigen Platz gehalten werden können.
Wasserbedarf: Mäßig feucht halten und unbedingt mit entkalktem Wasser gießen.
Nährstoffbedarf: Von März bis August wöchentlich düngen.
Vermehrung: Schwierig für den Hobbygärtner, da die einzelnen Sorten veredelt werden müssen.
Rückschnitt: Möglich, wenn die Pflanzen zu groß werden.
Pflanzenschutz:
• Häufige Schädlinge: Schildläuse (Seite 166), Woll- oder Schmierläuse (Seite 159), Spinnmilben (Seite 153), Weiße Fliegen (Seite 148)
• Jüngere Blätter vergilben, Blattadern treten dunkelgrün hervor: *Eisenmangel* (Seite 87 und 112)
→ Spezielle Eisendünger über das Blatt geben, vorbeugend nur mit kalkfreiem Wasser gießen.

Blaue Mauritius
Convolvulus sabatius
Convolvulaceae, Windengewächse

Die Blaue Mauritius ist eine ausdauernde, halbstrauchig wachsende Windenart, die bis zu 100 cm lange Triebe bildet. Sie blüht von Mai bis Oktober. Ihre graugrünen, halbovalen Blätter bilden einen harmonischen Hintergrund zu den trichterförmigen, blauen oder violetten Blüten, die nachts oder an trüben Tagen geschlossen sind. Oft wird die Blaue Mauritius nur einjährig kultiviert, sie kann aber auch gut überwintert werden.
Standort: Sonnig. Verträgt leichte Fröste und muß daher erst im Spätherbst eingeräumt werden. Am besten gibt man ihr während der Überwinterung einen kühlen und hellen Platz, bevor sie im März wieder heller gestellt wird.
Wasserbedarf: Mäßig gießen, die Pflanze ist staunässeempfindlich, sollte aber nicht austrocknen. Im Winter nur wenig gießen. Die Pflanze verträgt kalkhaltiges Wasser.
Nährstoffbedarf: Schwachzehrende Pflanze, der eine Düngergabe im Monat ausreicht.
Vermehrung: Durch Kopfstecklinge im Herbst oder Frühjahr.
Rückschnitt: Bevor man die Pflanze zur Überwinterung ins Haus holt, alle Triebe auf 10 bis 20 cm einkürzen.
Pflanzenschutz:
• Häufige Schädlinge: Blattläuse (Seite 137), Weiße Fliegen (Seite 148).

Die Blaue Mauritius bildet meterlange Triebe mit hellblauen bis violetten Trichterblüten.

Echte Feige

Ficus carica
Moraceae, Maulbeerbaumgewächse

Sommergrüner Baum mit großen, 3- bis 5lappigen rauhen und kräftig grünen Blättern, der zweimal im Jahr, im Frühjahr und im Herbst, blüht. Nicht selten kann man im Spätsommer oder im Herbst zuckersüße und saftige Feigen ernten.

Standort: Hell bis halbschattig und warm. Verträgt keine Zugluft. Da der echte Feigenbaum im Winter alle Blätter verliert, kann er dunkel überwintern, muß dabei aber kühl stehen. Er verträgt leichte Minusgrade und kann daher spät im Herbst eingeräumt und früh im Frühjahr wieder ausgeräumt werden.

Wasserbedarf: Im Sommer sehr hoch, kann im Winter aber fast trocken stehen.

Nährstoffbedarf: Starkzehrende Pflanze, die von April bis August wöchentlich gedüngt werden muß.

Vermehrung: Durch Steckhölzer im Frühjahr kurz vor dem Austrieb.

Rückschnitt: Ist nicht unbedingt notwendig, kann aber im Winter vorgenommen werden, falls die Pflanze zu groß geworden ist.

Fuchsien eignen sich für einen halbschattigen Standort.

Pflanzenschutz:
• Häufige Schädlinge: Schildläuse (Seite 166), Woll- oder Schmierläuse (Seite 159), Spinnmilben (Seite 153)
• Blätter werden gelb und fallen ab, Wurzeln verbräunt, nasser muffig riechender Wurzelballen:
Staunässe und/ oder Wurzelpilze (Seite 105 und 117)
→ verbräunte Wurzeln entfernen, Triebe einkürzen, Pflanze trockener halten
• Zerschlitzte und eingerissene Blätter: *Wind*
→ Pflanze an einem windgeschützten Platz aufstellen.

Fuchsie
Fuchsia-Hybriden
Onagraceae, Nachtkerzengewächse

Fuchsien sind in der Beet- und Balkonbepflanzung von großer Bedeutung. Es sind Halbsträucher, die je nach Sorte aufrecht, halbhängend oder hängend wachsen. Von Frühjahr bis Herbst blühen sie einfach oder gefüllt in allen Abstufungen von Weiß, Rot und Violett, oft auch zweifarbig. Fuchsien werden auch gern zu Pyramiden oder Stämmchen herangezogen.

Standort: Hell bis halbschattig. Im Winter können Fuchsien sowohl hell als auch dunkel stehen. Die Temperatur sollte bei etwa 6 bis 8 °C. liegen. **Wasserbedarf**: Im Sommer hoch, im Winter nur wenig gießen. **Nährstoffbedarf**: Starkzehrende Pflanze, die in der Wachstumszeit von März bis August wöchentlich gedüngt werden sollte. **Vermehrung**: Durch Stecklinge im Frühjahr oder Sommer, bewurzeln sehr leicht. **Rückschnitt**: Im Frühjahr, etwa Anfang März Rückschnitt der Triebe auf 1 bis 3 Augen. Danach müssen die Pflanzen auf jeden Fall an einen hellen Platz gestellt werden, damit der Neuaustrieb nicht vergeilt.

Pflanzenschutz:
• Häufige Schädlinge: Weiße Fliegen (Seite 148), Blattläuse (Seite 137)
• Lochfraß an den Blättern, an den Blättern kleine Raupen mit Kopfkapsel und 3 Beinpaaren, Kotkrümel: *Schmetterlingsraupen* (Seite 183) → absammeln, *Bacillus-thuringiensis*-Präparate
• Blattfall von unten nach oben, unter den Blättern »Rostbelag« erkennbar: *Rost* (Seite 121) → befallene Blätter entfernen, vorbeugend Pflanzenstärkungsmittel (Seite 119)
• Braune Faulstellen am Stengelgrund, mausgraues Pilzmyzel an den Befallsstellen: *Grauschimmel* (Seite 121) → befallene Blätter entfernen, Pflanzen trockener halten, vorbeugend Pflanzenstärkungsmittel (Seite 119).

Hibiskus, Roseneibisch
Hibiscus rosa-sinensis
Malvaceae, Malvengewächse

Immergrüner Strauch mit großen trichterförmigen Blüten, die sowohl einfach als auch gefüllt sein können und von März bis Oktober erscheinen. Das Farbspektrum der Hibiskusblüten ist durch Züchtung inzwischen sehr groß geworden und reicht von Weiß über Gelb und Orange bis hin zu Rot und verschiedenen Rosatönen. Hibiskus wird zumeist als Zimmerpflanze angeboten, ist dann aber mit Wachstumsregulatoren behandelt. Nach etwa 1 Jahr läßt die Wirkung dieser Mittel nach und die Pflanze wächst auf 1 bis 1,5 m heran. **Standort**: Vollsonnig, vor Wind und Regen geschützt. Im Winter benötigt Hibiscus einen hellen Platz bei etwa 14 bis 16 °C, an dem er bis weit in den Winter hinein blühen kann. **Wasserbedarf**: In der Wachstumszeit allgemein hoch, reagiert sowohl auf Staunässe als auch auf Ballentrockenheit mit Blattfall. Im Winter nur wenig gießen, aber auch dann nicht völlig austrocknen lassen. **Nährstoffbedarf**: Starkzehrende Pflanze, die mindestens einmal pro Woche in der Wachstumszeit von April bis Auigust gedüngt werden muß. **Vermehrung**: Durch halbreife Stecklinge im Frühjahr. **Rückschnitt**: Im Frühjahr das trockene Holz herausschneiden und die Haupttriebe um etwa die Hälfte auf eine nach außen zeigende Knospe zurückschneiden.

Pflanzenschutz:
• Häufige Schädlinge: Blattläuse (Seite 137), Woll- oder Schmierläuse

Hortensien sollten nur mit weichem Wasser gegossen werden.

(Seite 159), Weiße Fliegen (Seite 148), Spinnmilben (Seite 153)

• Vor allem nach wiederholtem Blattlausbefall wächst die Pflanze nicht mehr, Blätter bleiben klein und vergilben:
Virus
→ Pflanze vernichten, nicht auf den Kompost.

Hortensie
Hydrangea macrophylla
Saxifragaceae, Steinbrechgewächse

Sommergrüner Strauch mit halbkugeligen Blütenständen in Weiß, Rosa- oder Blautönen. Die Blütezeit liegt im Juni und Juli, Pflanzen, die früher blühen, sind vorgetrieben. Die Blütenfarbe ist genetisch je nach Sorte festgelegt, kann in ihrer Ausprägung aber durch den pH-Wert des Substrates beeinflußt werden. In saurer Blumenerde (Rhododendronerde) tendieren die Hortensien zu blauen Blüten, in Erde

mit höherem ph-Wert, z. B. Einheits-
erde, eher zu Rosatönen.
Standort: Hell bis halbschattig. Im
Winter können Hortensien dunkel ste-
hen, da sie ihr Laub abwerfen. Im
Frühjahr wieder hell stellen, damit der
Austrieb nicht vergeilt.
Wasserbedarf: Benötigt viel Wasser
von März bis August, danach die
Wassergaben langsam verringern. Im
Winter nur darauf achten, daß der
Ballen nicht völlig austrocknet. Nur
mit entkalktem Wasser gießen (z.B
auch Regenwasser).
Nährstoffbedarf: Mittlerer Nährstoff-
bedarf, während der Wachstums- und
Blütezeit 14tägig mit Rhododendron-
dünger versorgen.
Vermehrung: Im Sommer durch Steck-
linge von ausgereiften Trieben.
Rückschnitt: Nur trockene Zweige
und Verblühtes herausschneiden. Hor-
tensien entwickeln bereits im Sommer
Blütenknospen für das nächste Jahr.
Bei einem starken Rückschnitt wäre
daher die Blütenfülle reduziert.
Pflanzenschutz:
• Häufige Schädlinge: Blattläuse
(Seite 137), Spinnmilben (Seite 153),
Dickmaulrüßler (Seite 175)
• Jüngere Blätter vergilben, Blatt-
adern treten dunkelgrün hervor:
Eisenmangel (Seite 112 und 87)
→ speziellen Eisendünger über das
Blatt ausbringen, vorbeugend mit
kalkfreiem Wasser gießen.

Fleißiges Lieschen
Impatiens-Arten
Balsaminaceae, Springkrautgewächse

Impatiens haben ihren deutschen Namen »Fleißiges Lieschen« ihrem uner-
müdlichen Blühwillen zu verdanken.
Zwei Arten stehen zur Balkonbepflanzung zur Verfügung: *I. walleriana*
werden etwa 25 cm hoch und blühen
weiß und in verschiedenen Rot-,
Rosa- und Violettönen, teilweise auch
zweifarbig.
I.-Neu-Guinea-Hybriden werden bis
zu 50 cm hoch, haben ähnliche Blüten
wie die *I. walleriana*, unterscheiden
sich aber durch ihr mehrfarbiges, vielfach hübsch gezeichnetes Laub von
diesen.
Standort: Halbschattig, *I.*-Neu-Gui-
nea-Hybriden auch schattig. Jungpflanzen können an einem hellen
Platz bei etwa 12 bis 15 °C überwintert werden.
Wasserbedarf: Gleichmäßig gut
feucht halten, im Winter weniger gießen.
Nährstoffbedarf: Wöchentlich düngen.
Vermehrung: Sowohl vegetativ durch
Stecklinge als auch durch Aussaat.
Rückschnitt: Ab und zu etwas stut-
zen, damit sich die Pflanzen gut ver-
zweigen.
Pflanzenschutz:
• Häufige Schädlinge: Blattläuse
(Seite 137), Spinnmilben (Seite 153),
Weiße Fliegen (Seite 148)
• Mausgrauer Schimmelrasen auf ver-
welkten Blüten:
Grauschimmel (Seite 121)
→ befallene Blätter entfernen, Pflan-
zen trockener halten, vorbeugend
Pflanzenstärkungsmittel (Seite 119).

Lorbeerbaum

Laurus nobilis
Lauraceae, Lorbeergewächse

Der Lorbeerbaum gilt als Charakterpflanze des Mittelmeergebietes und ist eine der ältesten Kübelpflanzen. Er ist immergrün und hat ledriges Laub. Die unscheinbaren gelblich-grünen Blüten auf einer Pflanze erscheinen von April bis Mai und sind entweder weiblich oder männlich. Nur Pflanzen mit weiblichen Blüten bilden die tiefschwarzen Beeren. Lorbeer wächst von Natur aus buschig, kann aber im Frühjahr auch in verschiedene Formen wie z. B. Pyramide oder Kugel geschnitten werden. Nur ungeschnittene Exemplare blühen.
Standort: Sonniger bis schattiger Platz möglich. Im Winter möglichst hell bei tiefen Temperaturen (0 bis 10 °C), verträgt kurzfristig auch Temperaturen von bis zu −10 °C und muß somit nicht gleich beim ersten Frost eingeräumt werden. Da Lorbeer sehr robust ist, kann er notfalls auch in einem dunklen und kühlen Quartier überwintern.
Wasserbedarf: Während des Austriebs den Ballen nicht trocken werden lassen, sonst mäßig gießen.
Nährstoffbedarf: Von April bis August wöchentlich düngen.
Vermehrung: Durch halbreife Stecklinge im August bis September.
Rückschnitt: Zu groß gewordene Pflanzen oder solche, die wieder in Form gebracht werden bekommen im März einen Rück- oder Formschnitt. Dabei sollten nur die Triebe abgeschnitten werden, ohne die Blätter zu verletzen, da diese sonst braun werden.

Pflanzenschutz:
• Häufige Schädlinge: Schildläuse (Seite 166), Woll- oder Schmierläuse (Seite 159), Dickmaulrüßler (Seite 175)

Lobelie, Männertreu

Lobelia erinus
Campanulaceae,
Glockenblumengewächse

Einjährige Sommerblume, die es sowohl in aufrecht wachsenden als auch in hängenden Sorten gibt. Die aufrechten Sorten wachsen polsterartig und werden ca. 10 cm hoch. Sie sind mit zahllosen kleinen blauen oder weißen Blüten besetzt. Vereinzelt sind auch Sorten mit roten oder rosafarbenen Blüten im Handel. Hängende Sorten haben bis zu 50 cm lange Triebe und eignen sich gut zur Ampel- oder Balkonkastenbepflanzung. Sie blühen vorwiegend in blauen Tönen, aber auch in Weiß oder Rot.
Standort: Sonnig bis halbschattig.
Wasserbedarf: Gleichmäßig feucht halten, nicht austrocknen lassen.
Nährstoffbedarf: Mittel, es sollte während der Blütezeit 14tägig aber in schwacher Konzentration gedüngt werde, da die Pflanze salzempfindlich ist. Gut eignen sich auch organische Dünger.
Vermehrung: Durch Aussaat im Frühjahr. Nach dem Auflaufen büschelweise in Töpfe pikieren.
Rückschnitt: Ein Überwinterungsschnitt entfällt, da die Pflanze einjährig ist. Bei Blühpausen die Pflanze um ca. ein Drittel zurückschneiden.
Pflanzenschutz:
• Häufige Schädlinge: Blattläuse (Seite 137)

Von Lobelien gibt es hängende und aufrechte Sorten.

• Braune Faulstellen am Stengelgrund, mausgraue Pilzmyzel an den Befallstellen:
Grauschimmel (Seite 121)
→ befallene Blätter entfernen, Pflanzen trockener halten, vorbeugend Pflanzenstärkungsmittel
• Blühpause:
längere Zeit Hitze und Trockenheit
→ Pflanze um ein Drittel zurückschneiden.

Oleander
Nerium oleander
Apocynaceae, Hundsgiftgewächse

Oleander zählt zu den bekanntesten Kübelpflanzen. Er ist immergrün und blüht in warmen Sommern in vielen verschiedenen Farben wie Weiß, Rot, verschiedene Rosatöne bis hin zu Gelb-Orange. Die Blüten können einfach oder gefüllt sein. In verregneten kühlen Sommern öffnen sich die Blüten allerdings nur spärlich oder gar nicht. Der Oleander ist dann im Wintergarten besser aufgehoben, wo er

dann sicher blüht.
Standort: Sehr sonnig und warm, vor Regen geschützt. Im Winter hell und kühl, ca. 5 bis 15 °C. Verträgt kurzfristig bis –5 °C.
Wasserbedarf: Hoch, im Sommer darf immer etwas Wasser im Untersetzer stehen. Benötigt kalkhaltiges Wasser, für diese Pflanze ist Leitungswasser also ausnahmsweise besser geeignet als Regenwasser.
Im Winterquartier nur mäßig feucht halten.
Nährstoffbedarf: Starkzehrende Pflanze, von April bis August mindestens einmal wöchentlich düngen.
Vermehrung: Durch Stecklinge von Juli bis September, diese bilden auch in einem Glas Wasser Wurzeln.
Rückschnitt: Vor der Überwinterung kahle und zu lange Triebe herausschneiden. Ist die Pflanze so stark verkahlt, daß scharf zurückgeschnitten werden muß, entfällt die Blüte im Folgejahr.
Pflanzenschutz:
• Häufige Schädlinge: Schildläuse (Seite 166), Woll- oder Schmierläuse (Seite 159), Spinnmilben (Seite 153), Blattläuse (Seite 137)
• Krebsartige Wucherungen an den Zweigen, auf den Blätter zunächst wässrig durchscheinende Flecken, die später bräunlich werden und anschwellen:
Oleanderkrebs (Bakterienkrankheit, Seite 113)
→ befallene Pflanzenteile entfernen, bei starkem Befall Pflanze vernichten
• Knospen blühen nicht auf:
zu wenig Sonne, verregneter Sommer
→ Pflanze möglichst sonnig stellen, in verregneten Sommern besser im Wintergarten halten.

Passionsblume
Passiflora-Arten
Passifloraceae,
Passionsblumengewächse

Passionsblumen sind Kletterpflanzen mit gelappten Blättern und außerordentlich schönen Blüten, in denen sich die Attribute der Leiden Christi wiederspiegeln, was dieser Pflanzengattung zu ihrem Namen verhalf. Sie benötigen Rankhilfen, an denen sie schnell emporklettern. Im Handel sind mehrere Gattungen, von denen die bekannteste die blau-weiß blühende *Passiflora caerulea* ist.
Standort: Hell und sonnig. Im Winter hell bei ca. 10 bis 12 °C.
Wasserbedarf: Während der Vegetationszeit kräftig gießen. Im Winter nur sparsam wässern, aber den Ballen nicht austrocknen lassen.
Nährstoffbedarf: Starkzehrende Pflanze, von April bis August wöchentlich düngen.
Vermehrung: Durch Kopfstecklinge.
Rückschnitt: Im Frühjahr auf 6 bis 8 Augen zurückschneiden.
Pflanzenschutz:
• Häufige Schädlinge: Blattläuse (Seite 137), Spinnmilben (Seite 153), Woll- oder Schmierläuse (Seite 159)
• Blätter vergilben und fallen schließlich ab:
Nährstoffmangel (Seite 112)
→ starkzehrende Pflanze, wöchentlich düngen
• Gelbe Blätter und zusätzlich muffiger Wurzelballen und verbräunte Wurzeln:
Staunässe und/oder Wurzelpilze (Seite 105 und 117)
→ verbräunte Wurzeln entfernen, Triebe einkürzen, Pflanze trockener halten.

Geranien, Pelargonien

Pelargonium-Peltatum-Hybriden,
P.-Zonale-Hybriden
Geraniaceae,
Storchschnabelgewächse

Pelargonien haben seit Jahren den größten Marktanteil an allen Beet- und Balkonpflanzen. Als Beetbepflanzung werden gerne die aufrecht wachsenden Zonal-Pelargonien verwendet, in Balkonkästen haben überwiegend die hängenden Peltatum-Hybriden ihren Platz. Wird regelmäßig Abgeblühtes entfernt, setzen die Pelargonien bis zum ersten Frost ständig neue Blüten an. Die selbstreinigenden Hängepelargonien stoßen ihre verblühten Blüten von selbst ab. Die Blütenfarben der Pelargonien reichen sowohl bei den aufrechten als auch bei den hängenden Sorten von Weiß und Rot zu den verschiedensten Rosa- und Violettönen.

Standort: Am besten vollsonnig, aber auch halbschattig ist möglich. Im Winter kühl (5 °C.) und hell stellen, nach dem Rückschnitt etwa ab Ende Februar wärmer stellen.

Wasserbedarf: Hoch während der Wachstums- und Blütezeit, im Winter nur sparsam gießen.

Nährstoffbedarf: Starkzehrende Pflanze, wöchentlich düngen.

Vermehrung: Durch Stecklinge im Spätsommer oder im Frühjahr, Aussaat ist im Frühjahr ebenfalls möglich.

Rückschnitt: Vor dem Einräumen nur verwelktes Laub und Blüten abschneiden, Hängegeranien einkürzen. Ende Februar auf 3 bis 4 Augen zurückschneiden.

Pflanzenschutz:
• Häufige Schädlinge: Blattläuse (Seite 137), Weiße Fliegen (Seite 148)

In der Beliebtheitsskala ganz oben: Geranien.

• Korkige Wucherungen unter den Blättern und an den Trieben, hauptsächlich hängende Sorten betroffen
Thripse (Seite 157)
→ Florfliegenlarven (Seite 141), Naturpyrethrumpräparate (Seite 129)
• Braune Faulstellen am Stengelgrund, mausgraues Pilzmyzel an den Befallsstellen, bes. häufig im Winterquartier:
Grauschimmel (Seite 121)
→ befallene Blätter entfernen, Pflanzen trockener halten, vorbeugend Pflanzenstärkungsmittel (Seite 119)
• Gelbe Flecken auf der Blattoberseite, unterseits rostbraune Pusteln:
Rost (Seite 121)
→ befallene Blätter entfernen, vor-

beugend Pflanzenstärkungsmittel (Seite 119)

• Am Stengelgrund unregelmäßig geformte, blumenkohlartige Geschwulste:

Blättrige Gallen (bakterieller Erreger, Seite 113)

→ Pflanze vernichten, Heilung nicht möglich

• Stengelgrundfäule, Blätter welken von unten nach oben, ölig durchscheinende Blattflecken:

Pelargonienwelke (bakterieller Erreger, Seite 113)

→ Pflanze vernichten, Heilung nicht möglich

• An den Blattunterseiten grünlichbraune korkige Wucherungen:

zu hohe Feuchtigkeit im Laub

→ Blätter beim Gießen nicht benetzen, möglichst morgens gießen.

Petunie, Surfinie

Petunia-Hybriden
Solanaceae, Nachtschattengewächse

Die in Japan gezüchtete Hängepetunie »Surfinia« gehört zu den Balkonpflanzenneuheiten, die einen reißenden Absatz gefunden haben. Ihre meterlangen Triebe sind über und über mit trichterförmigen Blüten, vorwiegend in Weiß, Rosa- und Violettönen, besetzt. Um eine kräftige Nachblüte zu fördern, sollten verwelkte Blüten laufend entfernt werden. Surfinien eignen sich sowohl als Ampelpflanzen als auch zur Bepflanzung von Balkonkästen, z. B. an Stelle von Hängepelargonien. Im Gegensatz zu den älteren Petuniensorten zeichnen Surfinien sich durch eine außerordentliche Wetterfestigkeit aus.

Die Surfinie hat als Balkonpflanzenneuheit den Markt erobert.

Standort: Sonnig. Surfinien können überwintert werden, müssen aber vor dem ersten Frost eingeräumt werden. Sie benötigen einen hellen Platz bei etwa 5 bis 10 °C. Vor der Überwinterung zurückschneiden.

Wasserbedarf: Hoch, nur mit entkalktem Wasser gießen, im Winter trockener halten.

Nährstoffbedarf: Mittelstarkzehrende Pflanze, von März bis August in 14tägigem Abstand düngen.

Vermehrung: Durch Kopfstecklinge im Frühjahr.

Rückschnitt: Kahl gewordene oder zu lange Triebe können bedenkenlos zurückgenommen werden. Vor der Überwinterung alle Triebe auf etwa 20 cm zurücknehmen.

Pflanzenschutz:

• Häufige Schädlinge: Weiße Fliegen (Seite 148), Blattläuse (Seite 137)

• Jüngere Blätter vergilben, Blattadern treten dunkelgrün hervor:

Eisenmangel (Seite 87 und 112)

→ mit Eisendünger über die Blätter düngen.

Kapuzinerkresse

Tropaeolum-Hybriden
Tropaeolaceae,
Kapuzinerkressegewächse

Die Kapuzinerkresse gehört zu den typischen Bauerngartenpflanzen. Sie ist einjährig und an einem sonnigen Standort reichblühend in verschiedensten Gelb- und Orangetönen, in Rot und auch in Scharlach und Lachsrosa. Die trichterförmigen Blüten erscheinen von Juni bis in den Oktober und können einfach oder gefüllt sein, die frischgrünen Blätter sind schildförmig. Sowohl die Blätter als auch die Blüten sind eßbar. Rankende Sorten mit einer Trieblänge von bis zu zwei Metern werden zur Begrünung von Zäunen, Gittern oder Böschungen verwendet, nichtrankende Sorten zur Bepflanzung von Beeten und Balkonkästen.

Standort: Sonnig und regen- und windgeschützt. An schattigeren Plätzen bilden sich viele Blätter und nur wenige Blüten.

Wasserbedarf: Gleichmäßig feucht halten.

Nährstoffbedarf: Gering, Düngergaben im Abstand von 6 bis 8 Wochen sind ausreichend. Verwenden Sie einen Blütenpflanzendünger, der nur wenig Stickstoff enthält, denn hohe N-Gaben fördern das Blattwachstum und unterbinden die Blütenbildung.

Vermehrung: Durch Aussaat im Haus von April bis Anfang Mai, ab Mitte Mai kann im Freien direkt an Ort und Stelle gesät werden.

Rückschnitt: Entfällt.

Pflanzenschutz:
• Häufige Schädlinge: Schwarze Blattläuse (Seite 137), Spinnmilben (Seite 153).

Verbene, Eisenkraut

Verbena-Hybriden
Verbenaceae, Verbenengewächse

Aufrecht oder hängend wachsende Beet- und Balkonpflanze, die in der Regel einjährig kultiviert wird und von Juni bis Oktober blüht. Die Blätter sind eiförmig-länglich und am Rande gezackt. Alle grünen Pflanzenteile sind mit grauen Haaren bedeckt. Die Farbskala der doldenartig angeordneten, einfarbigen oder geäugten Blüten reicht von den verschiedensten Rot- und Rosatönen über Weiß bis hin zu Blau und Violett. Verblühte Dolden sollten regelmäßig abgeschnitten werden, da die Neubildung von Blüten dann schneller erfolgt.

Standort: Sonnig, an einem schattigeren Platz blühen Verbenen deutlich weniger.

Wasserbedarf: Hoch, sollte nicht austrocknen, reagiert aber auch empfindlich auf Staunässe.

Nährstoffbedarf: Mittelstarkzehrende Pflanze, während der Vegetationszeit 14tägig düngen.

Vermehrung: Durch Aussaat im Frühjahr.

Rückschnitt: Kahl gewordene oder zu lange Triebe können bedenkenlos zurückgenommen werden. Ein Überwinterungsrückschnitt entfällt, da die Pflanze einjährig ist.

Pflanzenschutz:
• Häufige Schädlinge: Weiße Fliegen (Seite 148), Blattläuse (Seite 137), Spinnmilben (Seite 153)
• Weißer mehlartiger Pilzmyzelüberzug auf und unter den Blättern: *Echter Mehltau* (Seite 119)
→ Befallene Blätter entfernen, Lecithinpräparat anwenden (Seite 119).

Gemüse und Kräuter auf dem Balkon

Nachdem der klassische Gemüsegarten zumindest in städtischen Bereichen immer seltener wird, sieht man in den letzten Jahren immer öfter auf Balkonen und Terrassen Gemüse und Kräuter sprießen. Gemüse auf dem Balkon, welches man selbst gezogen hat, schmeckt natürlich viel besser als jegliches im Supermarkt gekaufte. Darüberhinaus hat schon mancher Balkongemüseanbauer im ersten Jahr festgestellt, daß vieles auf dem Balkon sogar besser gedeiht als im Gemüsegarten. So treten pilzliche Krankheiten wie z. B. Krautfäule an Tomaten, die im Garten verheerende Ausmaße nehmen kann, auf dem Balkon wesentlich seltener auf. Das durch die wärmespeichernden Wände und die windgeschütztere Lage entstehende Kleinklima kommt insbesondere Pflanzen wie z. B. Tomate, Gurke und Paprika sichtbar zugute.

Der Anbau von Kräutern bringt noch zusätzlich den Nutzen, den ganzen Sommer über frische Kräuter für die Küche parat zu haben, die allemal frischer und schmackhafter sind, als getrocknete oder tiefgekühlte.

Kräuter und Gemüse gedeihen auch auf dem Balkon.

Andenbeere, Kapstachelbeere
Physalis peruviana
Solanaceae, Nachtschattengewächse

Die Andenbeere ist ein exotisches Fruchtgemüse, das bei uns nur selten angebaut wird. Im Kübel stellt sie daher etwas besonderes dar. Die Andenbeere ist ein aufrecht wachsender, verzweigter Strauch mit herzförmigen, gestielten Blättern. Von Juni bis zum Herbst bilden sich kleine gelbe Blüten aus denen sich in Kelchhüllen gelbe Früchte bilden. Diese sind reif, wenn die Kelchhülle pergamentartig durchscheint. Hat man im Winter einen kühlen und hellen Platz zur Verfügung, kann die Pflanze gut mehrjährig gehalten werden. Bevor man sie vor dem ersten Frost einräumt, schneidet man sie kräftig zurück.
Standort: Sonnig und warm.
Wasserbedarf: Hoch.
Nährstoffbedarf: Starkzehrende Pflanze, wöchentlich düngen.
Vermehrung: Durch Aussaat im zeitigen Frühjahr, kann ab Mitte Mai ins Freie.
Verwendung: Die vollreifen Beeren haben einen süßlichen Geschmack und können wie Obst verwendet werden.
Pflanzenschutz:
• Häufige Schädlinge: Weiße Fliegen (Seite 148), Blattläuse (Seite 137), Spinnmilben (Seite 153)
• Die Pflanze welkt ganz oder an einigen Trieben, der Querschnitt eines betroffenen Stengels zeigt verbräunte Leitungsbahnen:
Gefäßparasitärer Pilz (Seite 117)
→ Pflanze vernichten, nicht auf den Kompost.

Basilikum
Ocimum basilicum
Labiatae, Lippenblütler

Basilikum ist ein einjähriges, sehr wärmebedürftiges Gewürz- und Heilkraut, das sehr gut in Blumentöpfen auf dem Fensterbrett gedeiht. Die vielblättrigen, je nach Sorte bis zu 60 cm hohen Stengel wachsen aufrecht und buschig, wenn die Pflanze oft genug entspitzt wird. Die frischgrünen, eiförmig zugespitzten und etwas gewölbten Blätter können laufend geerntet werden, wobei die jungen Blätter sehr fein im Geschmack sind und die älteren Blätter ein typisches süß-scharfes Aroma entwickeln. Getrocknetes Basilikum verliert sehr stark an Aroma, so daß man stattdessen auch im Winter frisch von der Fensterbank ernten sollte.
Standort: Auf der Fensterbank, im Wintergarten oder im Freien an einem warmen, sonnigen und windgeschützten Platz. Basilikum ist äußerst frostempfindlich und muß daher frühzeitig vor dem ersten Frost ins Haus geholt werden.
Wasserbedarf: Hoch, aber Staunässe sollte unbedingt vermieden werden.
Nährstoffbedarf: Schwachzehrende Pflanze, die in der Hauptwachstumszeit nur einmal im Monat gedüngt werden sollte.
Vermehrung: Durch Aussaat etwa ab Ende April. Als Lichtkeimer werden Basilikumsamen nur angedrückt und nicht mit Erde abgedeckt.
Verwendung: Basilikumblätter passen gut zu Salaten, Tomaten, Gemüsesuppen und -soßen, außerdem zu Fischgerichten. Es sollte nie mitgekocht werden und wenn möglich frisch verwendet werden.

Wohlschmeckende Vielfalt auf der Terrasse.

Pflanzenschutz:
• Häufige Schädlinge: Blattläuse (Seite 137), Weiße Fliegen (Seite 148), Schnecken (Seite 182)
• Dunkle Flecken an Blättern und Stengeln, vor allem an Jungpflanzen: *verschiedene pilzliche Erreger, die vor allem bei zu kühlem und nassem Stand auftreten* (Seite 114)
→ befallene Pflanzen vernichten, vorbeugend Ansprüche beachten, Pflege optimieren.

Feuerbohne, Prunkbohne
Phaseolus coccineus
Leguminosae, Hülsenfrüchtler

Die aus Mexiko stammenden Feuerbohnen sind einjährig und wachsen sehr schnell bis zu einer Länge von 4 m. Sie beranken Gitter, Stäbe oder andere Kletterhilfen und bieten somit in kürzester Zeit einen guten Sichtschutz. Sie bilden ein dichtes Laubwerk, aus dem von Juni bis September leuchtend rote oder weiße Blüten hervorschauen. Ab Ende Juli kann man die noch weichen Hülsen ernten. Wartet man länger ab, erntet man die trockenen Samen. Je früher man die Früchte abpflückt desto mehr Blüten werden nachgebildet.
Standort: Sonnig und windgeschützt.
Wasserbedarf: Hoch, die Pflanzen sollte nicht austrocknen, die Blätter nicht mit kaltem Wasser benetzen.
Nährstoffbedarf: Starkzehrende Pflanze, wöchentlich düngen.
Vermehrung: Feuerbohnen können

entweder ab Mitte April im Haus vorgezogen werden oder ab Mitte Mai direkt an Ort und Stelle im Freien ausgesät werden.
Verwendung: Feuerbohnen werden im Kübel oftmals nur als Zierpflanze gehalten. Die Früchte sind aber auch eßbar, allerdings sollten sie nur gekocht gegessen werden, da sie im rohen Zustand giftig sind. Die trockenen Bohnensamen kann man gut in Eintopfgerichten verwenden.

Pflanzenschutz:
• Häufige Schädlinge: Schwarze Bohnenlaus (Seite 137), Spinnmilben (Seite 153), Weiße Fliegen (Seite 148)
• Blätter silbrig glänzend, Blüten gehen nicht auf, blattunterseits 1 bis 2 mm lange, schlanke, braune oder schwarze Tiere, gelbliche Larven: *Thripse* (Seite 157)
→ Florfliegenlarven (Seite 141)
• Auf den Hülsen dursichtige glasige »Fettflecken«, Blätter zeigen zunächst kleine abgestorbene Flecken, später rotbraune papierähnliche Befallsstellen: *Fettfleckenkrankheit* (bakterieller Erreger, Seite 113)
→ Befallene Pflanze vernichten, vorbeugend nicht von oben bewässern
• Starkes Blattwachstum, aber wenig Blüten: *zu stark stickstoffbetonte Düngung*
→ Kalium- und phosphorbetont düngen.

Paprika
Capsicum annuum
Solanaceae, Nachtschattengewächse

Paprika ist eine wärmeliebende, einjährige, buschig wachsende Pflanze, die bis zu 80 cm hoch wird. Etwa von Juni bis September setzen Paprikapflanzen kleine, weiße, sternförmige Blüten an. Man unterscheidet zwischen dem scharfen Gewürzpaprika, der meistens längliche bis speerförmige Früchte hat und dem milden Gemüsepaprika mit größeren, länglichrunden Früchten. Alle Paprikasorten bilden zunächst grüne Früchte aus, die sich mit zunehmender Reife gelb oder rot verfärben. Die Paprikaschoten können ab Ende Juli grünreif geerntet werden, schmecken aber besser, wenn man die Vollreife, d. h. die Ausfärbung zu gelb oder rot abwartet. Allerdings ist der Gesamtertrag höher, wenn man die Früchte bereits grün erntet.
Standort: Sonnig und warm.
Wasserbedarf: Gleichmäßig gut feucht halten, Staunässe vermeiden.
Nährstoffbedarf: Starkzehrende Pflanze, wöchentlich düngen.
Vermehrung: Durch Aussaat, ab April sind Jungpflanzen auf dem Wochenmarkt oder in Gärtnereien erhältlich.
Verwendung: Aus dem Gemüsepaprika werden zuerst die Kerne und Scheidewände entfernt, dann kann er sowohl roh als auch gedünstet gegessen werden. Kleingeschnittene Paprikaschoten können auch eingefroren werden, eignen sich dann aber nur noch gedünstet zum Verzehr. Gewürzpaprika wird frisch oder eingelegt gegessen.
Pflanzenschutz:
• Häufige Schädlinge: Blattläuse (Seite 137), Weiße Fliegen (Seite 148), Spinnmilben (Seite 153)
• An Stengeln Blättern und Blüten graubraune Befallsstellen mit mausgrauem Schimmelrasen, einzelne Triebe oder ganze Pflanzen können absterben:

Grauschimmel (Seite 121)
→ Befallene Blätter entfernen, Pflanzen trockener halten, vorbeugend Pflanzenstärkungsmittel (Seite 119)
• Spitze der Frucht wird schwarz: *Blütenendfäule durch Kalziummangel*
→ Pflanze gleichmäßig feucht halten, kalkhaltiges Leitungswasser verwenden.

Petersilie
Petroselinum crispum
Umbelliferae, Doldenblütler

Die aus dem Mittelmeerraum stammende Blattpetersilie ist eine zweijährige Pflanze. Im ersten Jahr treibt sie langgestielte, mehrfach gefiederte Blätter, die laufend geerntet werden können, wenn die Pflanze kräftig genug ist. Im zweiten Jahr setzt die Pflanze im Sommer Blüten an. Gleichzeitig wird das Blattwachstum eingestellt, so daß sie für die Ernte nicht mehr zu gebrauchen ist. Petersilie verliert getrocknet sehr stark an Aroma, kann aber gut eingefroren werden.
Standort: Sonnig bis halbschattig. Petersilie ist frosthart und kann daher über den Winter im Garten ausgepflanzt oder im Topf in die Erde gesenkt überwintern. Stellt man getopfte Petersilie im Winter an einen warmen und hellen Platz im Haus, so können auch in den Wintermonaten einige frische Blätter geerntet werden.
Wasserbedarf: Hoch, aber Staunässe sollte unbedingt vermieden werden.
Nährstoffbedarf: Mittelstarkzehrende Pflanze, die in der Hauptwachstumszeit im 14tägigem Abstand gedüngt werden sollte.

Vermehrung: Petersilie wird durch Aussaat vermehrt. Sie hat eine sehr lange Keimdauer von etwa 3 bis 5 Wochen.
Verwendung: Petersilie hat einen sehr hohen Gehalt an Vitamin C und sollte daher nicht mitgekocht werden, um die Vitamine nicht zu zerstören. Frisch geschnitten oder eingefroren eignet sie sich gut zum Würzen von Suppen, Soßen, Gemüse und Salaten. Die glattblättrige Blattpetersilie ist aromatischer als die krausblättrige, die oft auch als Garnierung Verwendung findet.
Pflanzenschutz:
• Häufige Schädlinge: Blattläuse (Seite 137)
• Pflanzen am Stengelgrund eingeschnürt, Stengel fallen um: *Wurzelpilze* (Seite 117)
→ Qualitätssaatgut verwenden, bei starkem Befall Pflanze vernichten.

Pfefferminze
Mentha piperita
Labiatae, Lippenblütler

Pfefferminze ist eine mehrjährige Pflanze, die sich stark durch unterirdische Ausläufer ausbreitet. Sie wird etwa 60 cm hoch, hat kantige, aufrecht wachsende Stengel mit länglichovalen, gezähnten Blättern. Diese können laufend geerntet und frisch verwendet werden. Will man die Pfefferminze trocknen, schneidet man sie im Sommer kurz vor der Blüte dicht über dem Boden ab.
Standort: Am besten im luftigen Halbschatten. Pfefferminze ist relativ frosthart und kann daher den Winter ausgepflanzt oder in Töpfe eingesenkt

im Freien verbringen. Vorsichtshalber sollte sie abgedeckt werden.
Wasserbedarf: Reichlich gießen.
Nährstoffbedarf: Schwachzehrende Pflanze, die in der Hauptwachstumszeit nur einmal im Monat gedüngt werden sollte.
Vermehrung: Durch Teilung im Frühjahr.
Verwendung: Die frischen Blätter eignen sich zum Würzen von Lammfleisch, Salaten und Quarkspeisen. Frisch oder getrocknet können die Blätter als Tee aufgebrüht werden.
Pflanzenschutz:
• Häufige Schädlinge: Blattläuse (Seite 137), Weiße Fliegen (Seite 148)
• Blattoberseite Vergilbungen, unter den Blätter rostbraune Sporenlager: *Rost* (Seite 121)
→ Pflanze bis auf den Stengelgrund zurückschneiden, es erfolgt ein gesunder Neuaustrieb.

Salat
Lactuca sativa
Compositae, Korbblütler

Salat ist ballaststoffreich und enthält wertvolle Mineralstoffe und Vitamine. Für die Gefäßkultur eignen sich vor allem Pflücksalate, die man über eine lange Zeit hinweg Blatt für Blatt ernten kann. Pflücksalat bildet keinen Kopf aus, sondern lockere Blattrosetten. Die Blätter werden nach Bedarf von außen nach innen abgeerntet, wobei man das Herz immer stehen läßt. Bekannte Pflücksalatsorten sind der kräftig schmeckende »Lollo Rossa« (rote, gekrauste Blätter) und »Lollo Bionda« (grüne gekrauste Blätter) und die zartblättrigen roten und

grünen Eichblattsalate mit eichenlaubartig gebuchteten Blättern.
Standort: Sonnig bis halbschattig.
Wasserbedarf: Gleichmäßig feucht halten.
Nährstoffbedarf: Mittelstarkzehrende Pflanze, im 14tägigem Abstand düngen.
Vermehrung: Durch Aussaat, ab April sind Jungpflanzen auf dem Wochenmarkt oder in Gärtnereien erhältlich.
Verwendung: Salat sollte frisch verzehrt werden. Im Kühlschrank ist er ein bis zwei Tage haltbar.
Pflanzenschutz:
• Häufige Schädlinge: Blattläuse (Seite 137)
• An den Wurzeln saugen wollig aussehende Läuse, Pflanzenwachstum etwas gehemmt:
Wurzelläuse (Seite 179)
→ Schaden wird durch ausreichende Wasserversorgung gemildert
• Salatfäule:
verschiedene pilzliche Erreger (Seite 114)
→ nicht zu tief einpflanzen, befallene Pflanzen vernichten.

Schnittlauch
Allium schoenoprasum
Liliaceae, Liliengewächse

Schnittlauch ist eine mehrjährige Zwiebelpflanze. Sie bildet laufend röhrenförmige Blätter, die sogenannten Schlotten, die ständig geerntet werden können. Ab dem zweiten Jahr bildet der Schnittlauch rosa- oder violettfarbene kugelförmige Blüten aus, die aber entfernt werden sollten um das Blattwachstum zu fördern. Geerntet wird, indem man die Schlotten etwa 2 bis 3 cm über dem Boden ab-

Schnittlauch wächst immer wieder nach.

schneidet. Die Pflanze treibt dann sofort wieder aus.

Standort: Sonnig bis halbschattig. Schnittlauch ist frosthart und kann daher im Garten ausgepflanzt oder im Topf in der Erde gesenkt überwintern. Stellt man getopften Schnittlauch im Winter an einen warmen und hellen Platz im Haus, so können auch in den Wintermonaten einige frische Schlotten geerntet werden.

Wasserbedarf: Regelmäßig kräftig gießen.

Nährstoffbedarf: Mittelstarkzehrende Pflanze, die in der Hauptwachstumszeit im 14tägigem Abstand gedüngt werden sollte.

Vermehrung: Durch Aussaat im Frühjahr oder durch Teilung älterer Pflanzen im Frühjahr oder Herbst.

Verwendung: Frisch verwendet oder eingefroren eignet sich Schnittlauch zum Würzen vieler Gerichte. Besonders gut paßt er zu Kartoffel- und Eiergerichten. Er sollte nicht mitgekocht werden, um die Vitamine zu erhalten.

Pflanzenschutz:
• Silbrige Tüpfel und Flecken an den Schlotten:
Thripse (Seite 157)
→ Florfliegenlarven (Seite 141)
• Orangebraune Flecken:
Rost (Seite 121)
→ Rückschnitt der befallenen Pflanzen, zu starke Stickstoffdüngung vermeiden.

Thymian
Thymus vulgaris
Labiatae, Lippenblütler

Der aus dem Mittelmeerraum stammende Halbstrauch ist mehrjährig und immergrün. Er wird etwa 30 cm hoch und hat stark verzweigte Triebe, die schnell verholzen. Zum Würzen verwendet man unverholzte Triebspitzen und die feinen, schmalen Blätter, die sowohl frisch als auch getrocknet verwendet werden können. Wird der Thymian im Frühjahr zurückgeschnitten, wachsen junge und unverholzte Triebe schnell nach.

Standort: Sonnig, warm und trocken. Als Topferde am besten Kakteenerde verwenden. Thymian ist winterhart und kann im Garten ausgepflanzt oder in Töpfen in der Erde eingesenkt überwintern. Eine Überwinterung auf der Fensterbank ist ebenfalls möglich.

Wasserbedarf: Gering.

Nährstoffbedarf: Schwachzehrende Pflanze, die nur alle 4 bis 6 Wochen schwach gedüngt werden sollte, bei stärkeren Nährstoffgaben verliert sie an Aroma.

Tomaten gedeihen prächtig an einem geschützten und vollsonnigen Platz.

Vermehrung: Durch Aussaat oder Stecklinge im Frühjahr. Als Lichtkeimer werden Thymiansamen nur angedrückt und nicht mit Erde abgedeckt.

Verwendung: Mit Thymian werden Fleisch- und Fischgerichte gewürzt, paßt auch gut zu Pizza und italienischen Soßen. Er wird auch oft als Bestandteil von Duftkissen verwendet.

Pflanzenschutz:

• Gelbe Blätter und zusätzlich muffiger Wurzelballen und verbräunte Wurzeln:

Staunässe und/oder Wurzelpilze (Seite 105 und 117)

→ Verbräunte Wurzeln entfernen, Triebe einkürzen, Pflanze trockener halten.

Tomate

Lycopersicon esculentum (syn. *Solanum lycopersicum*)

Tomaten gedeihen in großen Töpfen oder Kübeln auch auf dem Balkon oder der Terrasse. Die Pflanzen werden etwa 2 m hoch und müssen mit einem Stab gestützt werden. Neben den »normalfrüchtigen« Sorten gibt es noch besonders großfrüchtige, die Fleischtomaten und besonders kleinfrüchtige, die Kirsch- oder Cocktailtomaten. Etwa ab Mai erscheinen die kleinen, gelben, traubenförmig angeordneten Blüten, aus denen sich zuerst grüne Früchte entwickeln, die dann ab Juli rot werden und geerntet werden können. Tomaten müssen wöchentlich entgeizt werden, d. h. die in den Blattachsen entstehenden neuen Triebe werden herausgebrochen, da-

Gemüsepaprika kann grün oder rot geerntet werden. "Lollo rossa" und "Lollo bionda" sind Pflücksalate, von denen mehrfach geerntet werden kann.

mit diese der Pflanze nicht zu viel Kraft rauben. Damit sich die einzelnen Früchte besser entwickeln können, »köpft« man die Pflanze, wenn sich 5 bis 6 Fruchtstände gebildet haben.
Standort: Sonnig und warm.
Wasserbedarf: Hoch.
Nährstoffbedarf: Starkzehrende Pflanze, wöchentlich düngen.
Vermehrung: Durch Aussaat, ab April sind Jungpflanzen erhältlich.
Verwendung: Tomaten können roh oder in vielen Gerichten gekocht gegessen werden. Pürierte Tomaten als Grundlage für Suppe oder Soße kann man gut einkochen oder einfrieren.
Pflanzenschutz:
• Häufige Schädlinge: Blattläuse (Seite 137), Weiße Fliegen (Seite 148), Spinnmilben (Seite 153)
• An Früchten, Blättern und Stengeln anfangs graugrüne, später braune Flecken, die sich schnell ausbreiten und zum Absterben der Pflanze führen:
Krautfäule (pilzlicher Erreger, Seite 114)
→ Laub beim Gießen trocken halten
• Spitze der Frucht wird schwarz:
Blütenendfäule durch Kalziummangel
→ Pflanze gleichmäßig feucht halten, kalkhaltiges Leitungswasser verwenden.

Zitronenmelisse
Melissa officinalis
Labiatae, Lippenblütler

Die aus dem Mittelmeerraum stammende Zitronenmelisse ist mehrjährig und wird bis zu 70 cm hoch. Durch Ausläufer verbreitet sie sich sehr stark und muß daher in einen großen Topf gepflanzt werden. Melisse hat vier-kantige behaarte Stengel mit hellgrünen Blättern, die beim Zerreiben stark nach Zitrone duften.
Standort: Sonnig bis halbschattig. Zitronenmelisse ist relativ frosthart und kann daher ausgepflanzt oder in Töpfe eingesenkt den Winter im Freien verbringen. Vorsichtshalber sollte sie abgedeckt werden.
Wasserbedarf: Hoch.
Nährstoffbedarf: Schwachzehrende Pflanze, die in der Hauptwachstumszeit nur einmal im Monat gedüngt werden sollte.
Vermehrung: Durch Aussaat oder Teilung ältere Pflanzen im Frühjahr.
Verwendung: Die frischen Blätter eignen sich zum Würzen von Salaten, Quark- und Süßspeisen. Frisch oder getrocknet können die Blätter als Tee aufgebrüht werden.
Pflanzenschutz:
• Häufige Schädlinge: Blattläuse (Seite 137), Weiße Fliegen (Seite 148)
• Silbrige Tüpfel und Flecken auf den Blättern:
Thripse (Seite 157)
→ Florfliegenlarven (Seite 141)
• Weißgesprenkelte bis fahlgrüne Blätter, blattunterseits geflügelte, hell oder bunt gefärbte Tiere mit Sprungbeinen:
Zikaden (Seite 183)
→ Fettsäurepräparate (Seite 128)
• Blattfall von unten nach oben, unter den Blättern »Rostbelag« erkennbar:
Rost (Seite 121)
→ Rückschnitt der befallenen Pflanzen.

Kranke Pflanzen - ein Leitfaden zur richtigen Diagnose

Auch bei artgerechter und krankheitsvorbeugender Pflege können Pflanzen von Krankheiten und Schädlingen befallen werden. Bevor man kränkelnden Pflanzen helfen kann, müssen die Ursachen der Schäden zweifelsfrei bestimmt werden. Gerade vor der Anwendung von biologischen Pflanzenschutzmaßnahmen ist eine richtige Diagnose von großer Bedeutung, da diese Bekämpfungsmethoden in den meisten Fällen sehr spezifisch wirken, um möglichst viele unliebsame Nebenwirkungen von vornherein auszuschalten.

Je früher erkannt wird, was mit der Pflanze nicht in Ordnung ist, desto größer sind die Heilungschancen. Mit Hilfe der Fotos und Beschreibungen des nun folgenden Schadbilderleitfadens ist es möglich, viele Schädlinge und Krankheiten selbst zu bestimmen. Ein wichtiges Hilfsmittel dabei ist eine Lupe mit sechs- bis zehnfacher Vergrößerung.

Einsendung von Pflanzenproben und/oder Schädlingen

Sollte es anhand des Schadbilderleitfadens einmal nicht gelingen, einen Schädling oder eine Pflanzenkrankheit zu bestimmen, kann die Hilfe von Pflanzenschutzexperten in Anspruch genommen werden. Es besteht die Möglichkeit, sich an ein Pflanzenschutzamt zu wenden oder sich von Firmen, die Pflanzenpflegeprodukte anbieten, beraten zu lassen. Um den Beratern ihre Aufgabe zu erleichtern, sollte bei der Einsendung folgendes beachtet werden:

Probenumfang
- Pflanzen: je 3 bis 4 nicht völlig abgestorbene Pflanzenteile mit charakteristischen Schadsymptomen
- Schädlinge: mindestens 6 bis 10 Exemplare verschiedener Größe

Verpackung und Versand
- Pflanzen- und Schädlingsproben erst direkt vor dem Versand entnehmen. Die Proben sollten nicht über das Wochenende unterwegs sein!
- Pflanzen in Zeitungs- oder Küchenpapier einschlagen (nicht anfeuchten, Verschimmelungsgefahr) und in eine luftdichte Plastiktüte stec-

◁ *Um Schädlinge aufzuspüren, muß man genau hinsehen.*

Eine Lupe mit sechs- bis zehnfacher Vergrößerung ist ein wichtiges Hilfsmittel.

ken. Bei mehreren Proben ist jede einzelne zu kennzeichnen.
- Versand in wattiertem Umschlag oder Päckchen
- Insekten in geschlossenen Behältern, evtl. mit kleinen Luftlöchern (z. B. Streichholzschachteln oder Kleinbildfilmdosen) verschicken.
- Bodenschädlinge mit unangefeuchteter Erde verschicken, die Behälter vollständig mit Substrat füllen, damit die Tiere beim Transport nicht von Bodenteilchen erschlagen werden.

Informationen zur Pflanze
Um eine eindeutige Diagnose zu erleichtern, sind in einem Begleitschreiben folgende Angaben zu machen:
- Um welche Pflanzenart handelt es sich?
- Wie groß und wie alt ist die Pflanze in etwa?
- Wie sind die Standortbedingungen der Pflanze in Bezug auf Licht, Temperatur und Luftfeuchtigkeit?
- Steht die Pflanze einzeln oder in einer Gruppe?
- Wie wurde die Pflanze gepflegt? Angaben zum Gießen, Düngen, Umtopfen, Freilandaufenthalt, Standortwechsel, Hydrokultur etc. sind erforderlich.
- Wann und wo traten die ersten Symptome auf?
- Wurde die Pflanze bereits mit einem Pflanzenschutzmittel behandelt? Wenn ja, zu welchem Zeitpunkt, mit welchem Präparat und in welcher Konzentration?

Gliederung des Schadbilderfadens

Tierische Schädlinge an den oberirdischen Pflanzenteilen, ab Seite 81

Schäden an den Blättern durch
- Verletzungen, ab Seite 84
- Verfärbungen oder Flecken, ab Seite 86
- Beläge auf oder unter den Blättern, ab Seite 91
- Deformationen, ab Seite 94
- Welkeerscheinungen, ab Seite 95

Schäden an den Blüten durch
- fehlenden oder nur schwachen Knospenansatz, Knospen- oder Blütenfall, ab Seite 97
- Beläge auf den Blütenblättern, ab Seite 99

Schäden an Stengel und Trieben durch
- Verfärbungen und Fäulen, ab Seite 100
- Beläge an den Stengeln, ab Seite 101
- Gespinste, ab Seite 102
- Blattfall, ab Seite 103
- Deformationen, ab Seite 104

Schäden am Topf und Umgebung oder an den Wurzeln durch
- Verfärbungen und faulige Gerüche, ab Seite 105
- tierische Lebewesen, ab Seite 106
- Wucherungen und Deformationen, ab Seite 107
- Beläge, ab Seite 108

Tierische Schädlinge an den oberirdischen Pflanzenteilen

	Schadbilder und Ursachen	Biologische Bekämpfungsmöglichkeiten	siehe Seite:
	Vorwiegend an jungen Trieben und Blättern sitzen 1 bis 3 mm große ungeflügelte u. geflügelte grünliche, gelbliche oder auch bräunlich bis schwarze Tiere, klebriger Honigtau → **Blattläuse**	• Nützlingseinsatz • Fettsäurepräparate • Naturpyrethrumpräparate • Gelbtafeln (vorbeugend)	137
	2 mm große, weiße Tiere, die bei Berührung leicht auffliegen, klebriger Honigtau → **Weiße Fliegen**	• Nützlingseinsatz (bei Anfangsbefall) • Fettsäurepräparate • Gelbtafeln (vorbeugend, befallsmindernd)	148
	Mit einer Lupe erkennt man etwa 0,5 mm große, gelblich bis hellbraune oder rötliche Tiere, vorwiegend auf der Blattunterseite oder auf hauchdünnen Gespinsten zwischen Stengeln und Trieben → **Spinnmilben**	• Nützlingseinsatz (bei Anfangsbefall) • Raps- oder Mineralölpräparate • Fettsäurepräparate	153
	Weiße, gelbliche oder braune Schildchen auf oder unter den Blättern oder an Stengeln und Trieben. Die ausgewachsenen Tiere sind unbeweglich; evtl. Honigtau → **Schildläuse**	• Nützlingseinsatz • Mineral- oder Rapsölpräparate • Abstreifen/Abwaschen der Schädlinge (befallsmindernd)	166

Tierische Schädlinge an den oberirdischen Pflanzenteilen

Schadbilder und Ursachen	Biologische Bekämpfungs- möglichkeiten	siehe Seite:
 Weiße, watteartige Tiere unter den Blättern, an Stengeln und Trieben und vor allem in Blattachseln → **Woll- und Schmierläuse**	• Nützlingseinsatz • Mineralöl- oder Rapsölpräparate • Abstreifen/Abwaschen der Schädlinge (befallsmindernd)	159
 1 bis 2 mm lange, schlanke, gelbliche oder schwarzbraune Insekten, oft quergestreift → **Thripse**	• Nützlingseinsatz • Naturpyrethrumpräparate • Gelbtafeln (befallsmindernd)	157
 10 mm großer, grauschwarzer dämmerungsaktiver Käfer mit rüsselartig verlängertem Kopf → **Dickmaulrüßler**	• In der Dämmerung Absammeln der Käfer • Nützlingseinsatz gegen Larven	175
 Weichhäutige, nackte oder behaarte längliche Tiere mit Kopfkapsel, 3 Paar Brustbeinen und Hinterleibsbeinen, Kotkrümel auf Fensterbank oder Pflanze → **Schmetterlingsraupen**	• Absammeln • *Bacillus thuringiensis*-Präparate • Pyrethrumpräparate	183

Tierische Schädlinge an den oberirdischen Pflanzenteilen

Schadbilder und Ursachen	Biologische Bekämpfungs- möglichkeiten	siehe Seite:
 Längliche grau-schwarze oder bräunliche Tiere, die eine deutliche Schleimspur hinterlassen, nachts und bei Regen aktiv → **Schnecken**	• Absammeln	182
 1 bis 2 cm lange braune Tiere mit Zangen am Hinterleib → **Ohrwürmer**	• Absammeln • Anlocken durch Schaffung von »Tagesverstecken« für die Tiere	
Ameisen laufen an der Pflanze hoch und runter → **Oftmals Befall mit honigtauausscheidenden Insekten wie Blattläusen, Weiße Fliegen, Schmierläusen oder Schildläusen**	• Bekämpfung der honigtauaus- scheidenden Insekten • Ameisen mit Köderfallen oder evtl. Naturpyrethrumpräparat bekämpfen	178

Schäden an den Blättern • Verletzungen

Schadbilder und Ursachen	Biologische Bekämpfungs-möglichkeiten	siehe Seite:
 Buchtenartiger Blattrandfraß → **Dickmaulrüßler**	• In der Dämmerung Absammeln der Käfer • Nützlingseinsatz gegen Larven	175
 Abgeraspelte oder zerfressene Blätter und Blüten, auf denen deutliche Schleimspuren zu erkennen sind. → **Schnecken**	• Absammeln	182
 Loch- und Fensterfraß in den Blattspreiten, der auch bis zum Blattrand gehen kann. Grünschwarze Kotkrümel auf der Pflanze oder der Fensterbank → **Schmetterlingsraupen**	• Absammeln • *Bacillus thuringiensis*-Präparate • Naturpyrethrumpräparate	183
Blüten, junge und zarte Blätter und Triebe sind angefressen, wobei die Ränder der Fraßstellen feinfaserig aussehen. → **Ohrwürmer**	• Absammeln • Anlocken durch Schaffung von »Tagesverstekken« für die Tiere	

Schäden an den Blättern • Verletzungen

Schadbilder und Ursachen	Biologische Bekämpfungs- möglichkeiten	siehe Seite:
 Durchlöcherte und/ oder verkrüppelte Blät- ter oder Blüten. Schä- den werden beim Ent- falten junger Blätter sichtbar → **Blattwanzen**	• Frühzeitiges Ab- schütteln • Evtl. Pyrethrum- präparate	184
 Lochartig befressene Blätter, Blattadern blei- ben stehen → **Asseln**	• Absammeln • Anlocken durch Schaffung von »Tagesverstek- ken« für die Tiere	181

Schäden an den Blättern • Verfärbungen und Flecken

Schadbilder und Ursachen	Biologische Bekämpfungs- möglichkeiten	siehe Seite:
 Ältere Blätter vergilben von der Spitze her, all- gemein kümmerlicher Wuchs → **Stickstoffmangel**	• Regelmäßiges Düngen • Blattdüngung • Evtl. Umtopfen	14 und 112
 Ältere Blätter zuerst dunkelgrün und dann rötlich gefärbt → **Phosphormangel**	• Regelmäßiges Düngen • Blattdüngung • Evtl. Umtopfen	14 und 112
 Ältere Blätter verfärben sich vom Rand her und sterben bald ab → **Kaliummangel**	• Regelmäßiges Düngen • Blattdüngung • Evtl. Umtopfen	14 und 112
Ältere Blätter vergilben zwischen den Blattadern → **Magnesiummangel**	• Regelmäßiges Düngen • Blattdüngung • Evtl. Umtopfen	14 und 112

Schäden an den Blättern • Verfärbungen und Flecken

Schadbilder und Ursachen	Biologische Bekämpfungs- möglichkeiten	siehe Seite:
 Jüngere Blätter vergilben, Blattadern treten dunkelgrün hervor → **Eisenmangel**	• Gießen mit möglichst kalkfreiem Wasser • Düngung mit speziellen Eisendüngern • Evtl. Umtopfen	14 und 112
 Blattspitzen sind trocken und verbräunt → **Zu niedrige Luftfeuchte**	• Erhöhung der Luftfeuchte durch Besprühen, • Wasserverdunster	11
 Unregelmäßig geformte, scharf begrenzte, eingesunkene oder vertrocknete helle oder braune Flecken → **Sonnenbrand**	• Richtige Standortwahl • Schattierung	8

Schäden an den Blättern • Verfärbungen und Flecken

Schadbilder und Ursachen	Biologische Bekämpfungs-möglichkeiten	siehe Seite:
 Rötliche Verfärbung der Blätter → **Kälte**	• Temperaturansprüche beachten • Gegebenenfalls Standortwechsel	10
 Runde oder ovale Flekken oder Aufhellungen vor allem an Pflanzen aus der Familie Gesneriaceae (Usambaraveilchen, Gloxinie u.a.) → **Benetzung der Blätter mit kaltem Wasser**	• Gefährdete Pflanzen nur von unten gießen • Nur temperiertes Wasser verwenden	12
 Flecken, Verbrennungen, Deformierungen → **Unsachgemäße Anwendung von Pflanzenschutzmitteln**	• Gebrauchsanleitung genau beachten • Pflanzenschutzmittel nie in der prallen Sonne anwenden	124
 Rauhe, hochstehende, warzenartige Flecken → **Korkflecken durch Thripsbefall oder falsche Wasserführung bzw. zu hohe Luftfeuchte**	• Thripsbekämpfung • Mäßiger Gießen	12 und 157

Schäden an den Blättern • Verfärbungen und Flecken

Schadbilder und Ursachen	Biologische Bekämpfungsmöglichkeiten	siehe Seite:
Vorwiegend an der Blattunterseite weißgraues Pilzmyzel, oberseits unscharfe, anfangs helle später dunkle Flecken → **Falscher Mehltaupilz**	• Befallene Pflanzenteile entfernen • Blattfeuchtigkeit vermindern • Bei starkem Befall Pflanze vernichten	118
Flecken verschiedener Form und Größe, Blätter vertrocknen ganz oder partiell → **Blattfleckenpilze**	• Befallene Pflanzenteile entfernen • Pflegeansprüche genau beachten • Starke Temperaturschwankungen vermeiden • Bei starkem Befall Pflanze vernichten	118
Dunkle oder helle, bei Feuchtigkeit oft schleimige oder durchscheinende Flecken → **Bakterienkrankheit**	• Befallene Blätter entfernen • Blattfeuchtigkeit vermindern • Bei starkem Befall Pflanze vernichten, nicht auf den Kompost	113
Mosaikartig hell und dunkelgrün gemusterte Blätter, manchmal auch band- oder ringförmige Flecken → **Mosaikviren**	• Bekämpfung nicht möglich, Pflanze vernichten, nicht auf den Kompost	112

Schäden an den Blättern • Verfärbungen und Flecken

	Schadbilder und Ursachen	Biologische Bekämpfungsmöglichkeiten	siehe Seite:
	Zunächst glasige, später braune bis schwarze Flecken, von Blattadern begrenzt, beginnend an den älteren Blättern → **Blattälchen (Nematoden)**	• Befallene Blätter entfernen • Blattfeuchtigkeit vermindern • Bei starkem Befall Pflanze vernichten	181
	Feingesprenkelte Blattoberseite, blattunterseits sind ca. 0,5 mm große gelblich bis hellbraune Tiere zu erkennen (Lupe), bei starkem Befall Gespinste zwischen Stengel und Trieben → **Spinnmilben**	• Nützlingseinsatz (bei Anfangsbefall) • Raps- oder Mineralölpräparate • Fettsäurepräparate	153
	Punktartige, helle Blattflecken, die später silbrig glänzen, blattunterseits befinden sich gelbliche oder schwarzbraune längliche Tiere, oft quergestreift → **Thripse**	• Nützlingseinsatz • Naturpyrethrumpräparate • Gelbtafeln (befallsmindernd)	157
	Gelbliche bis weiße Gänge unter der Blattoberfläche, evtl. auch dunkel gefärbte Made sichtbar → **Minierfliegen**	• Bei schwachem Befall befallene Blätter entfernen • Gelbtafeln (befallsmindernd) • Nützlingseinsatz	182
	Weißgesprenkelte, bei starkem Befall fahlgrüne Blätter. Blattunterseits geflügelte, weiße gelbgrüne oder auch bunt gefärbte Tiere mit Sprungbeinen. → **Zikaden**	• Fettsäurepräparate • Naturpyrethrumpräparate	183

Schäden an den Blättern • Beläge

Schadbilder und Ursachen	Biologische Bekämpfungsmöglichkeiten	siehe Seite:
 Weißer, mehlartiger Pilzmyzelüberzug vorwiegend auf der Blattoberseite, der sich später manchmal dunkel verfärbt. Auch an Blüten und Stengeln sichtbar. → **Echter Mehltau**	• Luftfeuchtigkeit erhöhen • Vorbeugend mit Pflanzenstärkungsmittel spritzen • Bei Anfangsbefall regelmäßig mit Lecithinpräparat spritzen • Stark befallene Triebe wegschneiden	119
 Vorwiegend an der Blattunterseite weißgraues Pilzmyzel, oberseits unscharfe, anfangs helle später dunkle Flekken → **Falscher Mehltau**	• Befallene Pflanzenteile entfernen • Blattfeuchtigkeit vermindern • Bei starkem Befall Pflanze vernichten	118
 Weiche, faule Stellen an Blättern und Trieben, auf denen sich später ein mausgrauer Schimmelrasen bildet. Auf den Blüten sind manchmal runde Flecken (Stippen) zu erkennen → **Grauschimmel**	• Pflanzen trockener halten • Blätter beim gießen nicht benetzen • Vorbeugend mit Pflanzenstärkungsmittel spritzen • Stark befallene Triebe zurückschneiden	121

Schäden an den Blättern • Beläge

Schadbilder und Ursachen	Biologische Bekämpfungsmöglichkeiten	siehe Seite:
 Anfangs gelbe oder rostbraune, später meist braunschwarze, pustelartige Sporenlager auf den Blattunterseiten → **Rostpilze**	• Vorbeugend mit Pflanzenstärkungsmittel spritzen • Befallene Blätter entfernen • Bei sehr starkem Befall Pflanze vernichten	121
 Klebriger, glänzender Belag auf den Blättern, auf dem sich später Schwärzepilze (Rußtau) ansiedeln → **Honigtau (Ausscheidungen von saugenden Insekten wie Blattläuse, Schildläuse, Weiße Fliege, Blattflöhe und Zikaden)**	• Bekämpfung der Insekten • Klebrige Pflanzenteile abwaschen	122
 Schwarze, rußartige Überzüge auf allen Pflanzenteilen, darunter klebrige Masse (Honigtau) → **Rußtau (Schwärzepilz, der sich auf Honigtau ansiedelt)**	• Bekämpfung der Insekten • Klebrige und verfärbte Pflanzenteile abwaschen	122
Durchsichtig weiße Flecken auf den Blättern, die sich abwischen lassen → **Kalkflecken durch Besprühen der Pflanzen mit kalkhaltigem Wasser**	• Zum Besprühen nur Regenwasser oder entkalktes Leitungswasser verwenden	12

Schäden an den Blättern • Beläge

Schadbilder und Ursachen	Biologische Bekämpfungsmöglichkeiten	siehe Seite:
 Weißer, watteartiger Belag unter den Blättern und vor allem in Blattachseln → **Woll- und Schmierläuse**	• Nützlingseinsatz • Mineral- oder Rapsölpräparate • Abstreifen/Abwaschen der Schädlinge (befallsmindernd)	159
 Weiße, gelbliche oder braune Schildchen an Stengeln und Trieben und auf oder unter den Blättern, die ausgewachsenen Tiere sind unbeweglich. → **Schildläuse**	• Nützlingseinsatz • Mineral- oder Rapsölpräparate • Abstreifen/Abwaschen der Schädlinge (befallsmindernd)	166
 Auf den Blättern kleben weiße, leblose Gebilde → **Häutungsreste (Exuvien) von Blattläusen**	• Blätter lauwarm abwaschen • Wenn noch lebende Blattläuse vorhanden: • Nützlingseinsatz • Fettsäurepräparate • Naturpyrethrumpräparate • Gelbtafeln (vorbeugend)	137

Schäden an den Blättern • Deformationen

Schadbilder und Ursachen	Biologische Bekämpfungs- möglichkeiten	siehe Seite:

Blätter und Triebe ge-kräuselt, verkrüppelt und mit 1 bis 3 mm gro-ßen ungeflügelten und geflügelten grünlichen, gelblichen oder auch bräunlich bis schwarz gefärbten Tieren besie-delt
→ **Blattläuse**

- Nützlingseinsatz
- Fettsäurepräpa-rate
- Naturpyre-thrumpräparate
- Gelbtafeln (vor-beugend)

137

Blätter sind verkrümmt, verkümmert oder einge-rollt, bes. an Vegetati-onspunkten. Knospen und Blüten vertrocknen oder sind ebenfalls de-formiert
→ **Weichhautmilben**

- Bei leichtem Befall kranke Pflanzenteile entfernen und Besprühen ein-stellen
- Stark befallene Pflanzen ver-nichten

180

Blätter sind unnatürlich gefleckt, gekräuselt, verkümmert oder einge-rollt
→ **Virusbefall**

- Bekämpfung nicht möglich, Pflanze vernich-ten

112

Rauhe, hochstehende, warzenartige Flecken
→ **Korkflecken durch Thripsbefall oder fal-sche Wasserführung bzw. zu hohe Luft-feuchte**

- Thripsbekämp-fung
- Mäßiger Gießen

12 und 157

Schäden an den Blättern • Welkeerscheinungen

Schadbilder und Ursachen	Biologische Bekämpfungs-möglichkeiten	siehe Seite:
 Die Pflanze welkt und läßt alle Blätter hängen. → **Kälte oder Frost** → **Trockenheit**	• Temperaturansprüche beachten • Gegebenenfalls Standortwechsel • Häufiger gießen	10 und 12
 Die Pflanze welkt und läßt alle Blätter hängen, man findet verbräunte Wurzeln in nasser, schlecht riechender Erde → **Staunässe**	• Verbräunte Wurzeln entfernen, Umtopfen. Pflanze nach Möglichkeit zurückschneiden und trockener halten. Heilung gelingt nicht immer	
 Die Pflanze welkt und läßt alle Blätter hängen. In der Topferde findet man etwa 10 mm lange, dicke, cremefarbene und gekrümmte Larven ohne Beine und mit braunem Kopf. → **Dickmaulrüßlerlarven**	• Nützlingseinsatz gegen Larven • In der Dämmerung Absammeln der Käfer	175

Schäden an den Blättern • Welkeerscheinungen

Schadbilder und Ursachen	Biologische Bekämpfungsmöglichkeiten	siehe Seite:
 Die Pflanze (vor allem Jungpflanzen sind gefährdet) welkt und läßt alle Blätter hängen. Über der Topferde schwirren 3 bis 4 mm lange schwarze Mücken, in der Topferde findet man 6 bis 7 mm lange glasigweiße Larven mit schwarzer Kopfkapsel → **Trauermückenlarven**	• Gelbtafeln zum Abfangen der Fliegen • Mäßiger gießen • Nützlingseinsatz	171
Die Pflanze welkt und läßt alle Blätter hängen. Besonders in nasser und kalter Erde verbräunte Wurzeln von denen sich die Außenhaut leicht abziehen läßt. → **Wurzelpilze**	• Verbräunte Wurzeln entfernen, Umtopfen. Pflanze nach Möglichkeit zurückschneiden und trockener halten. Heilung gelingt nicht immer.	117
 Die Pflanze welkt ganz oder auch nur an einigen Trieben. Im Querschnitt eines betroffenen Stengels (möglichst weit unten schneiden) erkennt man verbräunte Leitungsbahnen. → **Gefäßparasitäre Welke durch pilzliche oder bakterielle Erreger**	• Pflanze vernichten, nicht auf den Kompost	117

Schäden an den Blüten

Schadbild	Ursachen	Biologische Bekämpfungs- möglichkeiten	siehe Seite:
Die Pflanze bildet nur vereinzelt oder gar keine Knospen	→ **Es handelt sich um eine Kurztagspflanze**	• Pflanze mehrere Stunden am Tag verdunkeln	7
	→ **Lichtmangel**	• Lichtintensität am Pflanzen- standort messen • Gegebenenfalls Standortwechsel	
	→ **Die von einigen Pflanzen benötigte Ru- hezeit mit niedrigen Temperaturen wurde nicht eingehalten.**	• Temperaturan- sprüche beach- ten • Im Winter an ei- nen kühlen Platz stellen	
	→ **Nährstoffmangel oder zu hohe Stickstoff- gaben**	• Düngeempfeh- lungen einhalten • Für Blütenpflan- zen einen weni- ger N-betonten Dünger (Blüten- pflanzendünger) verwenden	
Die Pflanze bildet Knos- pen aus (manchmal nur sehr wenige), die vor dem Aufblühen abfallen.	→ **Kälte oder Frost**	• Temperaturan- sprüche beach- ten • Gegebenenfalls Standortwechsel	7
	→ **Zugluft**	• Standortwechsel	
	→ **Lichtmangel**	• Lichtintensität am Pflanzen- standort messen • Gegebenenfalls Standortwechsel	

97

Schäden an den Blüten (Fortsetzung)

Schadbild	Ursachen	Biologische Bekämpfungs- möglichkeiten	siehe Seite:
	→ Staunässe	• Verbräunte Wurzeln entfernen, Umtopfen. Pflanze nach Möglichkeit zurückschneiden und trockener halten. Heilung gelingt nicht immer	
	→ Trockenheit	• Häufiger gießen	
	→ Pflanze gedreht	• Nach dem Knospenansatz die Pflanze immer in gleicher Position wieder vor das Fenster stellen.	

Schäden an den Blüten • Beläge auf den Blütenblättern

Schadbilder und Ursachen	Biologische Bekämpfungsmöglichkeiten	siehe Seite:

Weißer, mehlartiger Pilzmyzelüberzug auf den Blüten und Knospen, der sich später manchmal dunkel verfärbt, auch an Blättern und Stengeln sichtbar.
→ **Echter Mehltau**

- Luftfeuchtigkeit erhöhen
- Bei Anfangsbefall regelmäßig mit Lecithinpräparat spritzen
- Stark befallene Triebe wegschneiden

119

Weiche, faule Stellen an Knospen und Trieben, auf denen sich später ein mausgrauer Schimmelrasen bildet. Auf offenen Blüten sind manchmal runde Flekken (Stippen) zu erkennen
→ **Grauschimmel**

- Pflanzen trockener halten
- Blätter beim Gießen nicht benetzen
- Stark befallene Triebe zurückschneiden

121

Schäden an Stengel und Trieben • Verfärbungen und Fäulen

Schadbilder und Ursachen	Biologische Bekämpfungs- möglichkeiten	siehe Seite:

Weiche, faule Stellen an Blättern und Trieben, auf denen sich später ein mausgrauer Schimmelrasen bildet.
→ **Grauschimmel**

- Pflanzen trockener halten
- Blätter beim Gießen nicht benetzen
- Vorbeugend mit Pflanzenstärkungsmittel spritzen
- stark befallene Triebe zurückschneiden

121

Stengelteile oder Stengelinneres dunkel verfärbt und faulig oder trocken, Stengel knicken ab, Pflanzen sterben ab
→ **Stengelgrundfäule, die durch verschiedene pilzliche oder bakterielle Erreger ausgelöst wird.**

- Kranke Pflanzen vernichten, nicht auf den Kompost

118

Schäden an Stengel und Trieben • Beläge

Schadbilder und Ursachen	Biologische Bekämpfungsmöglichkeiten	siehe Seite:
 Weiße, gelbliche oder braune Schildchen an Stengeln und Trieben und auf oder unter den Blättern. Die ausgewachsenen Tiere sind unbeweglich. → **Schildläuse**	• Nützlingseinsatz • Mineral- oder Rapsölpräparate • Abstreifen/Abwaschen der Tiere (befallsmindernd)	166
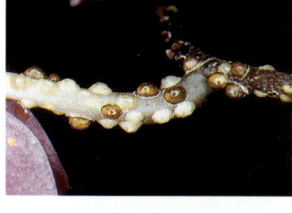 Weiße, watteartige Tiere an Stengeln und Trieben, unter den Blättern und vor allem in Blattachseln → **Woll- und Schmierläuse**	• Nützlingseinsatz • Mineralöl- oder Rapsölpräparate • Abstreifen/Abwaschen der Schädlinge (befallsmindernd)	159
 Vor allem in den Blattachseln saugen in einer speichelartigen, schaumigweißen Masse eingehüllte Larven → **Schaumzikaden**	• Gelegenheitsschädling, eine Bekämpfung an Zierpflanzen ist nicht nötig.	183

Schäden an Stengel und Trieben • Gespinste

| **Schadbilder und Ursachen** | **Biologische Bekämpfungsmöglichkeiten** | **siehe Seite:** |

Mit einer Lupe erkennt man etwa 0,5 mm große, gelblich bis hellbraune oder rötliche Tiere, auf hauchdünnen Gespinsten zwischen Stengeln und Trieben und auf der Blattunterseite
→ **Spinnmilben**

- Nützlingseinsatz (bei Anfangsbefall)
- Raps- oder Mineralölpräparate
- Fettsäurepräparate

153

Schäden an Stengel und Trieben • Blattfall

Schadbilder und Ursachen	Biologische Bekämpfungs- möglichkeiten	siehe Seite:
Die Pflanze verliert ungewöhnlich viele oder sogar alle Blätter, die Triebe sehen mehr und mehr kahl aus. → **Kälte oder Frost**	• Temperaturansprüche beachten • Gegebenenfalls Standortwechsel • Stark verkahlte Pflanzen zurückschneiden	7
→ **Zugluft**	• Standortwechsel • Stark verkahlte Pflanzen zurückschneiden	
→ **Lichtmangel**	• Lichtintensität am Pflanzenstandort messen • Gegebenenfalls Standortwechsel • Stark verkahlte Pflanzen zurückschneiden	
→ **Staunässe**	• Verbräunte Wurzeln entfernen, Umtopfen. Heilung gelingt nicht immer • Stark verkahlte Pflanzen zurückschneiden	
→ **Trockenheit**	• Häufiger gießen • Stark verkahlte Pflanzen zurückschneiden	
→ **Pflanze gedreht**	• Pflanze immer in gleicher Position wieder vor das Fenster stellen • Stark verkahlte Pflanzen zurückschneiden	

Schäden an Stengel und Trieben • Deformationen

Schadbilder und Ursachen	Biologische Bekämpfungsmöglichkeiten	siehe Seite:
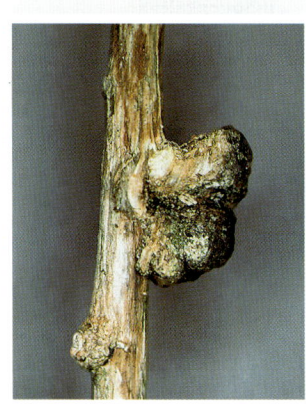 An Stengeln und Trieben oder auch an Wurzeln oder Wurzelhals verschieden gestaltete, glatte oder rauhe krebsförmige Wucherungen, an krautigen Pflanzen fleischig, an holzigen Pflanzen verholzt → **Bakterienkrebs oder Wurzelkropf**	• Kranke Pflanzen vernichten, nicht auf den Kompost	113
Blumenkohlähnliche Gallbildungen, vorwiegend am Stengelgrund → **Blättrige Gallen (Bakteriose)**	• Kranke Pflanzen vernichten, nicht auf den Kompost	113
Wachstumshemmungen an allen Pflanzenorganen, insbesondere aber mißgebildete Triebspitzen → **Viruserkrankung**	• Bekämpfung nicht möglich, Pflanze vernichten, nicht auf den Kompost	112

Schäden an den Wurzeln oder an Topf und Umgebung

Verfärbungen und faulige Gerüche

	Schadbilder und Ursachen	Biologische Bekämpfungs- möglichkeiten	siehe Seite:
	Bes. in nasser und kalter Erde braun verfärbte Wurzeln, von denen sich die Außenhaut leicht abziehen läßt. → **Wurzelpilze**	• Verbräunte Wurzeln entfernen, Umtopfen. Pflanze nach Möglichkeit zurückschneiden und trockener halten. Heilung gelingt nicht immer.	117
	Verbräunte Wurzeln in nasser, schlecht riechender Erde, Pflanze zeigt Welke → **Staunässe**	• Verbräunte Wurzeln entfernen, Umtopfen. Pflanze nach Möglichkeit zurückschneiden und trockener halten. Heilung gelingt nicht immer.	

Tiere im Topfballen oder auf der Blumenerde

Schadbilder und Ursachen	Biologische Bekämpfungs-möglichkeiten	siehe Seite:
 In der Topferde findet man 6 bis 7 mm lange, glasigweiße Larven mit schwarzer Kopfkapsel. Pflanzen (vor allem Jungpflanzen) welken bei starkem Befall. → **Trauermückenlarven**	• Gelbtafeln zum Abfangen der Fliegen • Mäßiger gießen • Nützlingseinsatz gegen die Larven	171
 In der Topferde findet man etwa 10 mm lange, dicke, cremefarbene und gekrümmte Larven ohne Beine und mit braunem Kopf, Pflanzen welken. → **Dickmaulrüßlerlarven**	• Nützlingseinsatz gegen Larven • In der Dämmerung Absammeln der Käfer	175
 Weiße, mit watteartigen Wachsausscheidungen bedeckte Tiere an Wurzeln oder Wurzelhals. → **Wurzelläuse**	• Pflanze umtopfen • Naturpyrethrumpräparate (Gießverfahren)	179
 Über der Topferde schwirren 3 bis 4 mm lange schwarze Mükken, evtl. befinden sich in der Erde 6 bis 7 mm lange glasigweiße Larven mit schwarzer Kopfkapsel. → **Trauermücken**	• Gelbtafeln zum Abfangen der Fliegen • Mäßiger gießen • Nützlingseinsatz gegen die Larven	171

Wucherungen und Deformationen

Schadbilder und Ursachen	Biologische Bekämpfungsmöglichkeiten	siehe Seite:
 Pflanzen kümmern, an den Wurzeln kleine, weißliche oder gelbliche »Zysten«, die später abfallen und frei im Boden liegen. → **Zystenbildende Wurzelnematoden**	• Kranke Pflanzen vernichten, nicht auf den Kompost	181
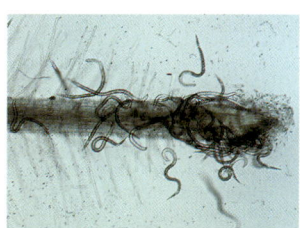  Pflanzen kümmern, Wurzeln haben unregelmäßig geformte, knotige Verdickungen. → **Gallenbildende Wurzelnematoden**	• Kranke Pflanzen vernichten, nicht auf den Kompost	181
An Wurzeln oder Wurzelhals oder auch an Stengeln und Trieben verschieden gestaltete, glatte oder rauhe krebsförmige Wucherungen, an krautigen Pflanzen fleischig, an holzigen Pflanzen verholzt → **Wurzelkropf oder Bakterienkrebs**	• Kranke Pflanzen vernichten, nicht auf den Kompost	113

Beläge auf der Blumenerde, dem Topf und seiner Umgebung

	Schadbilder und Ursachen	**Biologische Bekämpfungsmöglichkeiten**	**siehe Seite:**
	Weißer, kreideartiger Belag auf der Erde und am Topf (vor allem an Tontöpfen) → **Kalk- und Salzablagerungen**	• Pflanze umtopfen und dann vorwiegend organischen Dünger und entkalktes Wasser bzw. Regenwasser verwenden	12
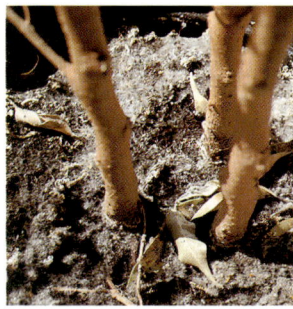	Weißer, watteartiger Belag auf der Erde → **Schimmelpilze durch angewehte Pilzsporen**	• Belag entfernen, Topferde etwas lockern	
	Grüner Belag auf der Erde → **Algen und Moose**	• Belag entfernen, Topferde etwas lockern	

Beläge auf der Blumenerde, dem Topf und seiner Umgebung

Schadbilder und Ursachen	Biologische Bekämpfungs- möglichkeiten	siehe Seite:
 Klebriger Belag auf der Fensterbank → **Honigtau (Ausscheidungen von saugenden Insekten wie Blattläuse, Schildläuse, Weiße Fliege, Blattflöhe und Zikaden)**	• Bekämpfung der Honigtau verur- sachenden In- sekten	122
 Schwarzgrüne Kotkrü- mel auf der Fenster- bank, oft versteckt weichhäutige, nackte oder behaarte längliche Tiere mit Kopfkapsel, 3 Paar Brustbeinen und Hinterleibsbeinen auf den Pflanzen → **Schmetterlingsraupen**	• Absammeln • *Bacillus thurin- giensis*-Präpara- te • Naturpyre- thrumpräparate	183
 1–3 mm große, weiße Insekten, die auf der Topferde hin und her hüpfen → **Springschwänze**	• Pflanze trocke- ner halten • Topfballen unter Wasser tauchen, aufgeschwemm- te Tiere abgie- ßen • evtl. Fettsäuren- präparat	179

Krankheiten und Schädlinge an Pflanzen biologisch bekämpfen

Jeder, der Zimmer- oder Balkonpflanzen besitzt, macht irgendwann die Erfahrung, daß trotz aller gutgemeinten Pflege die eine oder andere Pflanze von Schädlingen oder Krankheiten befallen wird. Auch gibt es immer wieder Pflanzen, die schlecht wachsen oder nicht blühen. Neben einem versteckten Krankheits- oder Schädlingsbefall kann das auch an einer nicht optimalen Nährstoffversorgung oder nicht artgerechten Standortbedingungen liegen.

In jedem Fall ist es notwendig, die Ursache des Schadens zu ergründen. Nur dann können erfolgversprechende Gegenmaßnahmen eingeleitet werden.

Nichtparasitäre Pflanzenschäden

Mit nichtparasitäre Pflanzenschäden sind Schäden gemeint, die nicht direkt durch Krankheiten oder Schädling verursacht werden. Zu diesen Schadursachen zählen z. B. eine unzureichende Nährstoffversorgung, die auch durch einen nicht der Art entsprechenden pH-Wert des Substrates hervorgerufen werden kann. Schäden durch nicht artgerechte Temperatur-, Luftfeuchtigkeits- oder Lichtverhältnisse, sowie falsch durchgeführte Kulturmaßnahmen können ebenfalls zu Pflanzenschäden führen. Dazu gehören z. B. Umtopfen zum falschen Zeitpunkt, nicht sachgerecht durchgeführte Pflanzenschutzmaßnahmen, falsch dosierte oder zu einem ungünstigen Zeitpunkt durchgeführte Düngung, nicht fachgerechter oder versäumter Rückschnitt und eine nicht den Bedürfnissen angepaßte Wasserführung.

Durch nichtparasitäre Schadursachen können die unterschiedlichsten Symptome hervorgerufen werden, die der Laie oftmals nur schwer von Schäden durch Krankheiten oder Schädlinge unterscheiden kann. Dazu gehören die verschiedenartigsten Formen von Blattvergilbungen und -verbräunungen, Welkerscheinungen der ganzen Pflanze oder einzelner Pflanzenteile, ein übermäßiges Längenwachstum und Beläge auf den Blättern.

Beseitigung

Die Möglichkeiten zur Beseitigung von nichtparasitären Pflanzenschäden ergeben sich meistens schon aus der Diagnose selbst. So werden Pflanzen, die zu dunkel stehen, an einem helleren Ort plaziert, Pflanzen, die zu kühl stehen, werden wärmer gestellt und umgekehrt, zu trocken gehaltene Pflanzen werden öfter gegossen u.s.w. Nichtparasitäre Schäden können vermieden werden, wenn die Ansprüche der Pflanzen durch eine artgerechte Pflege erfüllt werden. Sind die Pflanzen schon sehr stark geschädigt, bevor der Pflegefehler erkannt und beseitigt ist, können sie oftmals durch einen Rückschnitt gerettet werden. Dieser sollte aber nur im Frühjahr, spätestens im Sommer, also in der Hauptwachstumszeit der Pflanzen vorgenommen werden. Unter optimalen Bedingungen zeigt die Pflanze dann nach kurzer Zeit einen gesunden und kräftigen Neuaustrieb.

Etwas näher soll noch auf die **Beseitigung von Ernährungsstörungen** eingegangen werden. Für grüne Topf- und Kübelpflanzen eignen sich stickstoffbetonte Dünger, da Stickstoff das Nährelement ist, welches für das Wachstum von grünen Pflanzenteilen eine herausragende Bedeutung hat. Blütenpflanzen werden besser mit einem speziellen Blütenpflanzendünger versorgt, der im Vergleich zu den anderen Hauptnährstoffen weniger Stickstoff enthält. Eine hohe Stickstoffversorgung regt die Pflanzen nämlich oftmals zur Ausbildung von viel Blattmasse an und verhindert andererseits die Blütenbildung. Sowohl die Dünger für Grünpflanzen als auch die Blütenpflanzendünger sollten einen ausreichenden Anteil an Spurenelementen beinhalten.

Tritt trotz regelmäßiger Düngergaben eine Mangelerscheinung auf, so handelt es sich oft um einen Spurenelementmangel. In einem Fachgartencenter sind spezielle Dünger mit einer Mischung verschiedener Spurenelemente zu erhalten. Diese werden einfach dem Gießwasser zugesetzt. Bei genauer Diagnose kann der fehlende Nährstoff auch einzeln zugegeben werden. Häufig tritt bei Topfpflanzen ein Mangel in der Eisenversorgung auf. Durch Eisenmangel vergilben die jüngeren Blätter und die Blattadern treten dunkelgrün hervor (siehe auch Foto Seite 87). Dieser Mangel wird am schnellsten durch eine Eisendüngung direkt über das Blatt (z. B. mit Fetrilon oder Ferramin) behoben. Bei

einer Eisenunterversorgung ist zu bedenken, daß dieser Nährstoff oftmals nur durch einen zu hohen pH-Wert im Boden festgelegt und somit nicht pflanzenverfügbar ist. Pflanzen, die empfindlich auf eine Eisenunterversorgung reagieren, wie z. B. Hortensien, *Citrus*-Gewächse oder Rhododendren, müssen daher unbedingt in ein Substrat mit niedrigem pH-Wert (z. B. Rhododendronerde) gepflanzt und dann möglichst nur mit entkalktem Leitungswasser oder mit Regenwasser gegossen werden.

Viruserkrankungen

Viren sind die kleinsten bekannten Schaderreger bei Pflanzen und können nur mit einem Elektronenmikroskop sichtbar gemacht werden. Aufgrund ihres sehr primitiven Aufbaus können sie nur mit Hilfe anderer Organismen in die Pflanzen eindringen. Die wichtigste Rolle spielen hierbei die Blattläuse, die Viruserkrankungen häufig durch ihre Saugtätigkeit übertragen. Daneben werden Viren auch durch Stecklinge von infizierten Pflanzen weiterverbreitet. Ist ein Virus in die Pflanzenzelle eingedrungen, so manipuliert er diese quasi, indem er seine eigenen Erbinformationen mit in die Pflanze einbringt, so daß diese ihren Wuchs entsprechend verändert. Die Viren werden über den Saftstrom in der ganzen Pflanze verteilt, so daß schließlich überall in der Pflanze Viruszellen vorhanden sind.

Symptome
Ein Virusbefall äußert sich oftmals nur durch eine allgemeine Wuchshemmung, ohne daß spezifische Sym-

Blattscheckung durch Virusbefall.

die Bekämpfung virusübertragender Pflanzenschädlinge, hauptsächlich der Blattlaus. Da Viren auch durch Schnittwerkzeuge übertragen werden können, sollten bei der Stecklingsvermehrung Messer und Scheren nach jedem Schnitt sorgfältig gereinigt und desinfiziert werden.

Eine durch Viren infizierte Pflanze kann nicht geheilt werden. Es bleibt nur die Vernichtung kranker Pflanzen. Wie bakterienbefallene Pflanzen, gehören auch solche mit einer Virose nicht auf den Kompost, sondern in den Mülleimer.

Bakterienerkrankungen

ptome erkennbar wären. Teilweise führt ein Virusbefall jedoch auch zu auffälligen Veränderungen des Blattgrüns, wie z. B. einer mosaikartigen, gelb-grünen Scheckung. In der Regel werden solche virusinfizierten Pflanzen immer schwächer und blühen auch deutlich weniger. In einigen wenigen Fällen ist eine solche Veränderung der Pflanze nicht unerwünscht, sondern ganz im Gegenteil aufgrund ihres schmückenden Aussehens sogar gezielt kultiviert. Dies ist z. B. bei den bekannten mosaikgemustern Schönmalvensorten (*Abutilon*) oder bei den geflammtfarbenen Tulpensorten der Fall. Beide Erscheinungen werden zwar durch Viren hervorgerufen, führen in diesem Fall jedoch nicht zu einer nachhaltigen Schwächung der Pflanzen.

Bekämpfung
Ein Virusbefall kann nur durch vorbeugende Maßnahmen verhindert werden. Die wichtigste Vorsorge ist

Bakterien sind Organismen, die in der Regel nicht größer als ein tausendstel Millimeter und daher nur mit Hilfe eines Mikroskopes erkennbar sind. Sie dringen meistens über Verletzungen, aber auch durch natürliche Eintrittspforten wie Spaltöffnungen und Blüten, in die Pflanzen ein. Für das Auftreten von Bakterienkrankheiten ist immer eine hohe Feuchtigkeit wichtige Voraussetzung. Bakterien sind in der Regel nicht in der Lage, selbst Kohlenhydrate aufzubauen. Aus diesem Grunde entziehen sie den Wirtspflanzen verschiedene Substanzen, um sie in ihren eigenen Stoffwechsel einzubauen. Außerdem benutzen die Bakterien die Pflanzen gewissermaßen als Mülldeponie für ihre Ausscheidungen. Diese Ausscheidungen sind für die Pflanzen giftig und führen so zu verschiedenen Schadsymptomen.

Symptome
An Zierpflanzen werden durch Bakterien Vergilbungen und Verbräunungen

hervorgerufen, die meist einen schwammig-wässrigen Charakter aufweisen. Darüberhinaus können Bakterieninfektionen auch zu Formveränderungen, wie z. B. Tumorbildungen oder Verbänderungen (= bandartig verbreiterte Stengel), führen.

Bekämpfung

Ist eine Pflanze bakteriell erkrankt, lohnt im Anfangsstadium der Versuch, die kranken Triebe zu entfernen, um die Ausbreitung der Krankheit zu verhindern. Ist eine Bakteriose aber schon weiter fortgeschritten, bleibt nur noch die Vernichtung der befallenen Pflanze, am besten mit Topf und Erde, um die Ansteckung anderer Pflanzen zu unterbinden. An Bakterien erkrankte Pflanzen gehören nicht auf den Kompost. Bakterien können sehr widerstandsfähige Dauerformen bilden, die bei der Verwendung des Kompostes wieder aktiv werden und dann eventuell auf andere Pflanzen übertragen werden.

Bakterien dringen oft über Verletzungen in eine Pflanze ein und breiten sich dann mit Hilfe von Feuchtigkeit aus. Bei Erkrankungsgefahr, also z. B. dann, wenn eine Pflanze zurückgeschnitten worden ist und noch nicht verheilte Wunden besitzt, sollte das Laub möglichst trocken gehalten werden.

In Deutschland gibt es keine Pflanzenschutzmittel, die zur Bekämpfung von Bakteriosen zugelassen sind. Die in der Human- und Tiermedizin eingesetzten Antibiotika dürfen bei uns an Pflanzen zur Zeit nicht angewendet werden. Beim Einsatz von Antibiotika entstehen sehr schnell Resistenzen, die unter bestimmten Umständen auf Mensch und Tier übertragen werden

können. Die Folge könnte sein, daß auch deren Erkrankungen eventuell nur noch sehr eingeschränkt mit einem Antibiotikum behandelt werden könnten.

Pilzkrankheiten

Pilze sind kleine Organismen, die meist nur mit Hilfe einer Lupe erkennbar sind. Im Gegensatz zu den höheren Pflanzen besitzen sie kein Blattgrün (Chlorophyll). Darum sind sie nicht wie die grünen Pflanzen in der Lage, durch Photosynthese ihre lebensnotwendigen Stoffe selbst aufzubauen. Sie sind darauf angewiesen, den höheren Pflanzen diese Stoffe zu entziehen. Diese Art des »Broterwerbs« wird Schmarotzertum genannt. Schadpilze können die Pflanzen an Wurzeln, Stengeln, Blättern und Blüten befallen.

Entwicklung

Die meisten Pilze benötigen für ihre Entwicklung viel Feuchtigkeit. Diesen Pilzarten kann somit durch eine trockene Kulturführung vorgebeugt werden. Es ist also darauf zu achten, daß beim Gießen (besonders im kalten Winterquartier) das Laub nicht mit Wasser benetzt und überschüssiges Gießwasser aus dem Untersetzer entfernt wird, um Staunässe zu vermeiden. Eine Ausnahme in dieser Hinsicht bilden die Echten Mehltaupilze. Diese Pilze, die einen auffälligen weißen Belag auf den Pflanzen verursachen, treten immer dann auf, wenn trockenwarme Kulturbedingungen vorherrschen.

Im Gegensatz zu Viren und Bakterien können die meisten Pilze aktiv

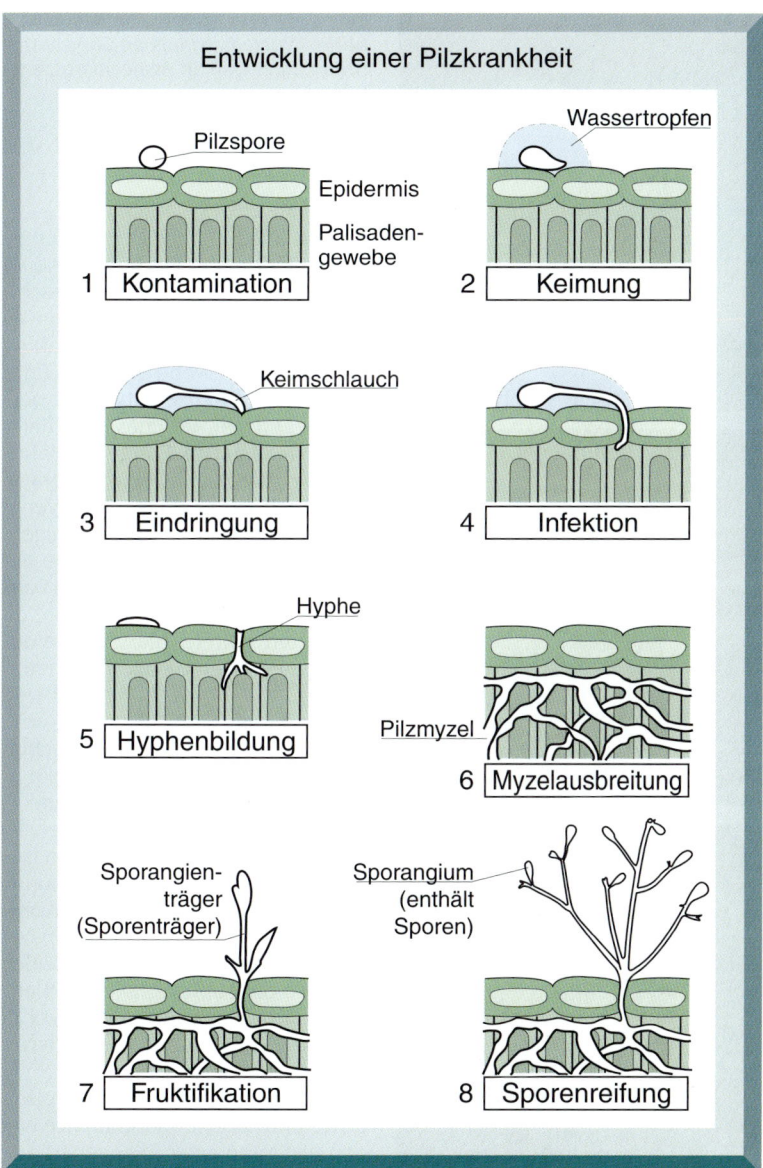

Beispiel für die Entwicklung einer Pilzkrankheit.

Oben: Falscher Mehltau an Senecio.
Mitte: Wurzelhalsfäule an Chrysantheme.
Unten: Pilzbefall an Azaleenknospen.

auch in unbeschädigtes Pflanzengewebe eindringen. Nachdem eine Pilzspore pflanzliches Gewebe erreicht hat, keimt unter Einwirkung von Wasser ein Keimschlauch aus, der aktiv in das Pflanzengewebe eindringt (Infektion). In der Pflanze entwickelt sich ein Pilzgeflecht, welches das Pflanzengewebe zerstört und ihm Nährstoffe entzieht. Dies wird äußerlich z. B. durch Vergilbungen oder Verbräunungen sichtbar. Nach einiger Zeit bildet das pilzliche Gewebe Verbreitungsorgane (Sporenträger) aus, in denen Pilzsporen heranreifen, die wiederum weitere Pflanzenteile oder weitere Pflanzen befallen können.

Übertragung
Einige Pilze, wie z. B. der Grauschimmel (*Botrytis*), verfügen über ein großes Wirtspflanzenspektrum. Sind Pflanzen von Grauschimmel befallen, sollten sie deshalb von anderen isoliert werden, um so die Übertragung der Krankheit auf weitere Pflanzen zu unterbinden. Auch der *Pythium*-Wurzelpilz kann viele Pflanzen besiedeln, weshalb die Töpfe befallener Pflanzen entweder weggeworfen oder vor der weiteren Verwendung desinfiziert werden sollten.
  Andere Pilze, wie beispielsweise Echte und Falsche Mehltaupilze werden nicht von einer Pflanzenart auf eine andere übertragen. Zwar kommen auf sehr vielen Zierpflanzenarten

Oben: Wurzelfäule an Birkenfeige.
Unten: Stengelgrundfäule an
Dieffenbachie.

Mehltaupilze vor, jedoch handelt es sich hier immer um unterschiedliche Mehltauarten. Dies bedeutet für den Zimmergärtner, daß er die Pflanzen nach einer eventuellen Spritzung getrost wieder auf den alten Platz zurückstellen kann, ohne um seine anderen Pflanzen fürchten zu müssen.

Wurzel- und gefäßparasitäre Pilze
An den oberirdischen Teilen der befallenen Pflanzen sichtbar, verursacht diese Pilzgruppe, zu der z. B. *Pythium*, *Fusarium*, *Verticillium* und *Thielaviopsis* gehören, Welkeerscheinungen. Das Welken kann einmal durch den Befall mit Wurzelpilzen ausgelöst werden, die die feinen Wurzeln, mit denen die Pflanze Wasser und Nährstoffe aufnimmt, zerstören. Es entsteht meistens eine nasse Fäule, die die Wurzeln verbräunen läßt. Das äußere Rindengewebe der Wurzel läßt sich leicht vom sogenannten Zentralzylinder abziehen. In den meisten Fällen wird dieses Schadbild von dem Wurzelpilz *Pythium* verursacht, der sich hervorragend unter staunassen Bedingungen vermehren kann. Andere Wurzelpilze wie z. B. *Thiavielopsis* zerstören die Wurzel ebenfalls, verursachen aber eine eher trockene Fäule und vermehren sich unter normalfeuchten Verhältnissen.
Die andere Gruppe der Welkepilze besiedelt die Leitgefäße der Pflanzen, in denen Wasser und Nährstoffe von

*Blattfleckenpilze auf einem
Anthurienblatt.*

der Wurzel in die oberirdischen Pflanzenteile transportiert werden. Neben einer vollständige Welke können sie die Pflanzen zunächst auch nur halbseitig beschädigen. Durch einen Schnitt am Stengel der Pflanze, möglichst nahe am Wurzelhals, ist erkennbar, daß die Leitgefäße durch den Pilzbefall deutlich verbräunt sind.

Bekämpfung: Wird die Welkerscheinung der Pflanze durch gefäßparasitäre Pilze ausgelöst, ist eine Rettung nicht mehr möglich. Die Pflanze sollte möglichst umgehend vernichtet werden, wobei man sie nicht auf den Kompost, sondern in den Mülleimer werfen sollte. Von diesen Pilzen können nämlich Dauerformen gebildet werden, die eine Kompostierung überstehen, und dann bei nächster Gelegenheit, wenn der Kompost zur Verwendung kommt, andere Pflanzen befallen.

Bei Welkerscheinungen, die durch den *Pythium*-Wurzelpilz ausgelöst werden, ist die Bekämpfung zwar nicht immer erfolgreich, aber durchaus einen Versuch wert. Man kann die verbräunten Wurzeln entfernen und die Pflanze dann umtopfen. Um den Verlust an Wurzelmasse zu kompensieren, wird die Pflanze dann zurückgeschnitten. *Pythium*-Wurzelpilze finden bei Staunässe ideale Bedingungen für eine explosionsartige Vermehrung und Verbreitung. Nach dem Umtopfen muß die betroffene Pflanze also auf jeden Fall trockener gehalten werden.

Wurzelhals- und Stengelgrundfäulen

Diese Pilzgruppe verursacht an den Pflanzen braunschwarze Verfärbungen des Wurzelhalses und des Stengelgrundes. Es kann sich dabei sowohl um nasse als auch um trockene Faulstellen handeln. Die befallenen Pflanzen kümmern, kippen um, welken und sterben schließlich ab. Ausgelöst werden diese Schadbilder in den meisten Fällen durch Pilze der Gattungen *Phytophtora* und *Rhizoctonia*, aber auch *Pythium* und *Botrytis* (Grauschimmel) können diese Symptome verursachen.

Bekämpfung: Pflanzen, die die beschriebenen Symptome zeigen, können nicht mehr gerettet werden. Sie sollten möglichst umgehend vernichtet werden, wobei sie nicht auf den Kompost, sondern in den Mülleimer gehören.

Blattfleckenpilze

Sie äußern sich in Blattvergilbungen und -verbräunungen, die vielfach ringförmig um ein Zentrum aufgebaut sind (Blattflecken). Dies entsteht durch eine Pilzspore, die auf dem Blatt gelandet ist und sich von diesem Zentrum aus ringförmig ausbreitet. Mit einer Lupe ist dieses Zentrum meistens als kleiner dunkler oder heller Fleck zu erkennen, so daß eine Pilzinfektion auf diese Weise von Blattflecken anderer Schadursachen unterschieden werden kann. Zu dieser Pilzgruppe gehören z. B. die Gattungen *Alternaria* und *Septoria*, aber auch die Falschen Mehltaupilze sind fast immer als Blattflecken erkennbar. Im Gegensatz zu den Echten Mehltaupilzen wächst das Pilzmyzel dieser Pilzgruppe im Inneren der Blätter.

Bekämpfung: Eine Bekämpfung von Blattfleckenpilzen ist nur mit rein mechanischen und vorbeugenden Maßnahmen möglich. Zu den mechanischen Maßnahmen gehört das Entfernen erkrankter Pflanzenteile und bei starkem Befall auch die Vernichtung der Pflanze. Einer starken Ausbreitung einer schon bestehenden Pilzkrankheit kann entgegengewirkt werden, wenn die Lebensbedingungen für den Pilz verschlechtert werden. In den meisten Fällen bedeutet das, oberirdische Pflanzenteile, vor allem an einem an einem kühlen Standort, trocken zu halten.

Echter Mehltau an Begonie.

Echte Mehltaupilze

Diese Pilze verursachen einen weißen, mehlartigen Pilzmyzelüberzug auf und unter den Blättern, der sich später manchmal dunkel verfärbt. Er ist auch an Blüten und Stengeln sichtbar. Echter Mehltau wächst auf den befallenen Pflanzenteilen und bohrt lediglich kleine Fortsätze in das Blatt ein, über die er sich ernährt. Echte Mehltaupilze sind demnach vom Blatt abwischbar.

Bekämpfung: Von Echtem Mehltau befallene Pflanzen können mit Bio-Blatt Mehltaumittel, einem Pilzbekämpfungsmittel mit dem natürlichen Wirkstoff Lecithin aus der Soja-Pflanze, behandelt werden. Lecithin ist ein von der EG anerkannter Lebensmittelzusatzstoff (E322), der aber auch eine gute Wirksamkeit gegen Echte Mehltaupilze zeigt. Das Lecithinpräparat bildet einen Belag auf der Pflanzenoberfläche, der die Pilzsporen verklumpt und so das Eindringen des Pilzes in die Pflanze verhindert. Folglich muß bei der Anwendung des Präparats ein lückenloser Spritzbelag entstehen. Bevor man jedoch zur Spritze greift, ist es wichtig zu überprüfen, ob der Befall mit Echtem Mehltau noch im Anfangsstadium ist. Ist der Befall schon weiter fortgeschritten, müssen die stark erkrankten Triebe zuerst ausgeschnitten werden. Echte Mehltaupilze treten vorwiegend unter warm-trockenen Bedingungen auf. Zur Unterstützung der Behandlung ist es ratsam, für eine höhere Luftfeuchtigkeit zu sorgen.

Vorbeugend ist der Einsatz von Pflanzenstärkungsmitteln eine recht wirksame, aber auch aufwendige Methode, Pilzkrankheiten zu verhindern.

Fuchsienrost, links Blattoberseite, rechts Blattunterseite.

Grauschimmel an Alpenveilchenblüten.

Diese Mittel müssen regelmäßig vor dem Auftreten der Krankheit angewandt werden. Gegen Echten Mehltau, Rost oder Grauschimmel haben sich Pflanzenstärkungsmittel in vielen Versuchen als gut wirksam erwiesen. Der wirksame Bestandteil dieser Mittel ist z. B. Knöterichextrakt (Milsana), Knoblauchextrakt (Envirepel) oder Fettsäuren (NeudoVital). Stärkungsmittel regen die Pflanzen an, bestimmte Substanzen, wie z. B. Phenole zu bilden, die das Eindringen und die Vermehrung des Pilzes erschweren.

Rostpilze

Auf den Blattoberseiten entstehen gelbe oder auch dunkel gefärbte Flecken, blattunterseits erkennt man an der gleichen Stelle anfangs gelbe oder rostbraune, später meist braunschwarze, pustelartige Sporenlager. Auf Balkon- und Zimmerpflanzen sind der Pelargonienrost und der Fuchsienrost die beiden häufigsten Arten. Während der Pelargonienrost ausschließlich die aufrechtwachsenden Pelargonienarten befällt und sein ganzer Entwicklungszyklus nur auf dieser Pflanze abläuft, ist der Fuchsienrost wirtswechselnd. Um seine Entwicklung vollenden zu können, muß der Fuchsienrost eine Zeit lang auf dem Weidenröschen (*Epilobium*) leben.

Bekämpfung: Zur Bekämpfung von Rostkrankheiten stehen in erster Linie mechanische und vorbeugende Maßnahmen zur Verfügung. Zu den mechanischen Maßnahmen gehört das Entfernen erkrankter Pflanzenteile und bei starkem Befall auch die Vernichtung der Pflanze.

Vorbeugend gegen Rostbefall hat sich das Pflanzenstärkungsmittel NeudoVital in vielen Versuchen als gut

wirksam erwiesen. Stärkungsmittel regen die Pflanzen an, bestimmte Substanzen, wie z. B. Phenole zu bilden, die das Eindringen und die Vermehrung des Pilzes erschweren.

Grauschimmel

Grauschimmel, der vom Schadpilz *Botrytis cinerea* verursacht wird, gehört zu den am häufigsten an Zierpflanzen vorkommenden Pilzen. Er kann sowohl Blätter, Stengel als auch Blüten befallen. Charakeristisch ist jeweils der mausgraue Schimmelrasen, der sich auf den befallenen Pflanzen zeigt. Grauschimmel kann sich nur dort entwickeln, wo feuchte Verhältnisse vorherrschen. Geschwächte oder stark überdüngte Pflanzen können vom Grauschimmelpilz besonders leicht besiedelt werden. Insbesondere in den lichtarmen Wintermonaten kommt es häufig zu einem Befall mit Grauschimmel. Die Sporen des Pilzes könne z. B. durch Zugluft leicht auch auf andere Pflanzen übertragen werden. Besonders häufig werden Alpenveilchen, Engelstrompeten, Primeln, Begonien, Geranien und Gloxinien vom Grauschimmelpilz besiedelt.

Bekämpfung: Bekämpfen läßt sich *Botrytis* am besten durch vorbeugende Maßnahmen. Hier kommt es in allererster Linie darauf an, beim Gießen die Pflanzenblätter und Blüten möglichst trocken zu halten. Gerade in den lichtarmen Wintermonaten empfiehlt es sich, die Pflanzen morgens zu wässern, damit sie tagsüber abtrocknen können. Wird dagegen abends gewässert, bleibt das Pflanzenlaub über Nacht feucht, so daß der Grauschimmel ideale Vermehrungsbedingungen findet. Darüberhinaus sollte die Düngung der Pflanzen wäh-

Rußtaupilze auf Honigtau von Weißer Fliege.

rend der Wintermonate unterbleiben. Die Pflanzen werden dadurch zum Wachstum angeregt und bilden weiche Triebe, die dann sehr infektionsgefährdet sind. Besonders überwinternde Kübel- oder Balkonpflanzen sind vom *Botrytis*-Erreger bedroht. Deshalb ist gerade bei diesen – neben der Beachtung der richtigen Pflege – die Anwendung von Pflanzenstärkungsmitteln empfehlenswert.

Ist eine Pflanze erst einmal befallen, so sollten als allererstes die infizierten Pflanzenteile entfernt werden. Gleichzeitig muß eine Veränderung der Gießgewohnheiten erfolgen und falls möglich, eine Vergrößerung der Abstände zwischen den Pflanzen geschaffen werden, da auch dies das Abtrocknen der Pflanzen fördert.

Direkt bekämpft werden kann Grauschimmel nur durch wiederholte Anwendungen chemischer Spezialmittel.

Rußtaupilze
Rußtaupilze, auch Schwärzepilze genannt, können nur dann auftreten, wenn die Pflanzen mit Insekten befallen sind, die klebrigen Honigtau ausscheiden. Zu diesen Insekten gehören z. B. Blattläuse, Schildläuse, Wolläuse und Weiße Fliegen. Der zukkerhaltige Honigtau bietet den verschiedenen Rußtaupilzen eine ideale Ernährungsgrundlage. Auf der Pflanzenoberfläche erscheinen schwarze Flecken, die stets von einem klebrigen Belag begleitet sind. Der schwarze Belag ist nicht gerade ein schöner An-

blick und behindert die Pflanzen zudem bei der Assimilation.

Durch die eingeschränkte Stoffwechseltätigkeit treten bei stark rußtaubesiedelten Pflanzen Wachstumsstockungen auf.

Bekämpfung: Um die Verschmutzung der Pflanze rasch zu beseitigen, sollten die Blätter möglichst vorsichtig abgewaschen werden. Entscheidend ist jedoch, die saugenden Insekten zu beseitigen, so daß kein Honigtau mehr auf die Blätter gelangt. Ist dies geschehen, entstehen auch keine störenden Beläge durch Schwärzepilze mehr.

Pflanzenschädlinge

Im Gegensatz zu den Verursachern von Pflanzenkrankheiten sind tierische Schädlinge oft mit bloßem Auge zu erkennen.

Symptome

Tierische Schadorganismen verursachen Pflanzenschäden, indem sie an den verschiedensten Pflanzenteilen fressen oder saugen. Einen Hinweis auf fressende Parasiten liefern Fraßspuren an Blatträndern und Löcher in Blättern oder Blüten, die bei dem sogenannten Fensterfraß noch mit einem Häutchen verschlossen sind. Daneben können auch von außen deutlich sichtbare Fraßgänge in den Blättern auftreten. Diese werden von den ebenfalls zu erkennenden Larven der Minierfliege, die in den Blättern leben, verursacht.

Die Art und Weise des Fraßes liefert oft schon einen entscheidenden Hinweis auf einen bestimmten Schädling.

Manchmal sind deutliche Fraßschäden an den Blättern zu erkennen, doch ist dem Verursacher trotz intensiver Suche nicht auf die Spur zu kommen. In solchen Fällen kann vermutet werden, daß der Schaden von einem nachtaktiven Schädling, z. B. dem Dickmaulrüßler, verursacht wird.

Saugende Schädlinge, wie z. B. die Blattläuse, schwächen die Pflanzen indem sie ihnen den Pflanzensaft entziehen. Diese zuckerhaltige Flüssigkeit führt bei den Läusen zu süßen Ausscheidungen, dem sogenannten Honigtau, der zu den charakteristischen klebrigen Blättern führt. Auf dem Honigtau wiederum siedeln sich schnell die dunkelgefärbten Rußtaupilze an.

Andere Kleinstlebewesen, wie z. B. die Spinnmilben schädigen die Pflanzen dadurch, daß sie durch fortwährendes Anstechen der Blätter einen großen Wasserverlust der Blätter hervorrufen. Das führt schließlich zum Vertrocknen der Pflanzen.

Mit bloßem Auge kaum zu erkennen sind Weichhautmilben und Nematoden, die bei den Pflanzen Mißbildungen, Verkrüpplungen oder einen kümmerlichen Wuchs hervorrufen.

Um Pflanzenschädlingen auf die Schliche zu kommen, ist es vielfach auch angebracht, nicht nur die oberirdischen Pflanzenteile zu betrachten, sondern auch einen Blick auf den Topf und den Wurzelballen zu werfen. Schädlinge können nämlich sowohl oberirdische Pflanzenteile als auch die Wurzeln befallen. Im ausgetopften Wurzelballen einer geschädigten Pflanze sind dann manchmal saugende Wurzelläuse oder fressende Larven von z. B. Trauermücken oder Käfern zu erkennen.

Bekämpfung mit Pflanzenschutzmitteln

Der Einsatz der Spritze ist bei vielen immer mit dem Begriff der »chemischen Keule« gekoppelt und verunsichert viele Hobbygärtner. Doch hat die Anwendung von Pflanzenschutzmitteln heute viel von ihrem einstigem Schrecken verloren, denn die Industrie hat es verstanden, in den letzten Jahren mehr und mehr Präparate auf den Markt zu bringen, die auch in Wohnräumen relativ unbedenklich angewendet werden können. Welche Nebenwirkungen ein Präparat hat und ob es für Innenräume und Balkon empfehlenswert ist, läßt sich recht einfach dem Packungstext entnehmen.

Zulassung

Bevor ein Pflanzenschutzmittel verkauft werden darf, muß es von der Biologischen Bundesanstalt (BBA), zugelassen werden. Jedes zugelassene Präparat trägt den entsprechenden dreieckigen Zulassungsstempel der BBA. Die Zulassung muß in bestimmten Abständen neu beantragt werden.

Voraussetzung für eine Zulassung ist, daß der Hersteller sein Mittel von unabhängigen Instituten intensiv hinsichtlich seiner Wirksamkeit, der Giftigkeit und seines Umweltverhaltens testen läßt. Die Hersteller sind verpflichtet, die Ergebnisse dieser Untersuchungen in den Packungstext mit einfließen zu lassen. Somit kann das gründliche Lesen des Packungstextes Aufschluß darüber geben, ob der Einsatz des betreffenden Mittels vertretbar ist oder nicht.

Kriterien für empfehlenswerte Präparate

- **Wirksamkeit:** Pflanzenschutzmittel müssen für den beabsichtigten Zweck wirksam sein. Deshalb muß der entsprechende Schädling bzw. die aufgetretene Krankheit auf dem Packungstext erwähnt sein. Nur wenn dies der Fall ist, ist gewährleistet, daß das Präparat in Versuchen eine genügende Effizienz gezeigt hat und der Einsatz erfolgversprechend ist.
- **Giftklasse:** Jedes Pflanzenschutzmittel wird hinsichtlich seiner Giftigkeit im Tierversuch geprüft. Auch die Auswirkungen auf Augen, Haut und Atemwege werden getestet. Daraus resultiert die Einstufung als »sehr giftig«, »giftig«, »ätzend«, »gesundheitsschädlich« oder »reizend«. Das entsprechende Symbol kann auf der Packung abgelesen werden. Erweist sich ein Mittel in einem der Tests als bedenklich, wird es entsprechend der Testergebnisse in eine Gefahrenklasse eingestuft. Pflanzenschutzmittel mit einem Gefahrensymbol sollten im Hobbygartenbereich gemieden werden. Erweist sich das Präparat als relativ

Kennzeichnung eines zugelassenen Pflanzenschutzmittels.

T+	T	Xn	C	Xi	F
		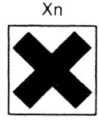			
Sehr giftig	Giftig	Mindergiftig	Ätzend	Reizend	Leichtentzündlich

Gefahrenbezeichnungen und Gefahrensymbole.

unbedenklich, erhält es kein Gefahrensymbol.

- **Bienengefährlichkeit:** Bienen spielen für die Bestäubung vieler Obst- und Gemüsearten eine entscheidende Rolle, weshalb sie unbedingt geschont werden sollten. Auch auf vielen Balkonpflanzen tauchen Bienen auf, so daß es sich auch für diesen Bereich empfiehlt, bienenungefährliche Mittel zu bevorzugen. Jedes Pflanzenschutzmitteletikett enthält einen Hinweis auf die Bienenverträglichkeit des Mittels.

- **Nützlingsgefährdung:** Ein wichtiges Kriterium bei der Auswahl eines Pflanzenschutzmittels sollte das Verhalten des Mittels gegenüber den wichtigsten natürlichen Schädlingsfeinden wie z. B. Marienkäfer, Florfliege oder Raubmilbe sein. Gerade wenn bereits Nützlinge eingesetzt wurden bzw. dies beabsichtigt ist, sollten die Mittel möglichst viele Nützlinge schonen. Manche Präparate haben noch viele Wochen nach der Spritzung sehr negative Auswirkungen auf Nützlinge, so daß auch lange Zeit nach der Behandlung keine Nützlinge eingesetzt werden können (siehe auch Seite 130 ff.). Auch bezüglich der Nützlingsverträglichkeit gibt der Packungstext wichtige Aufschlüsse.

- **Wartezeit:** Werden Pflanzenschutzmittel an Gemüse oder Obst angewendet, spielt die Wartezeit eine entscheidende Rolle. Dies ist die Zeit, die zwischen der letztmaligen Anwendung des Mittels und dem Verzehr des Produktes vergehen muß, damit das Präparat soweit abgebaut ist, daß jegliche Gefahr für den Menschen ausgeschlossen ist. Die Wartezeit wird in aufwendigen wissenschaftlichen Untersuchungen ermittelt und sollte unbedingt eingehalten werden. Um mögliche Risiken auszuschließen, ist es natürlich wünschenswert, daß Präparate über möglichst kurze Wartezeiten verfügen. Auch hierüber gibt das Etikett Auskunft. Enthält eine Gebrauchsanweisung z. B. für die Behandlung von Gemüse bzw. einer bestimmten Gemüsekultur keine Anwendungsempfehlung und sind auch keine Wartezeiten angegeben, so ist das betreffende Mittel für die Spritzung dieser Kultur nicht zugelassen. Dies bedeutet auch, daß das Abbauverhalten auf der betreffenden Pflanze nicht untersucht worden ist, so daß keine Wartefristen angegeben werden können. Aus diesem Grunde darf ein für eine bestimmte Kultur nicht zugelassenes Pflanzenschutzmittel nicht ohne weiteres angewendet werden. Im Zweifelsfall sollte hier der Rat des Herstellers eingeholt werden. Dessen Adresse ist auf jeder Packung aufgedruckt.

- **Fischgefährdung:** In manchen Wohnungen befinden sich Aquarien oder Terrarien. Da Fische und Kröten genau wie Insekten zu den Kaltblütern zählen, reagieren sie sehr empfindlich auf fast alle Pflanzenschutzmittel. Die Aquarien- und Terrarienfreunde sollten deshalb diesbezügliche Angaben auf den Packungen genau lesen. Die Anwendung von fischgefährdenden Pflanzenschutzmitteln sollte auch in der Nähe von Gartenteichen vermieden werden. In Teichnähe aufgestellte Kübelpflanzen sollten vor einer Spritzung für die Dauer der Wartezeit an einen anderen Platz gestellt, oder besser noch, nur mit nicht fischgefährdenden Pflanzenschutzmitteln behandelt werden.

Wirkungsweise von biologischen Pflanzenschutzmitteln

Unter biologischen Pflanzenschutzmittel sind Präparate zu verstehen, deren Wirkstoffe aus natürlich vorkommenden Substanzen hergestellt werden. Diese werden z. B. aus Pflanzen gewonnen, gereinigt und aufbereitet. Damit diese Stoffe ausreichend wirksam sind, werden sie meist noch mit Lösungsmitteln wie z. B. Alkohol oder Wasser versetzt.

Oftmals werden darüberhinaus noch in geringen Mengen Hilfstoffe hinzugegeben, um z. B. die Verteilung der Mittel auf den Blättern zu optimieren. Der Schwerpunkt der in diesem Buch gegebenen Pflanzenschutzmittelempfehlungen liegt auf den biologischen Wirkstoffen, weil diese in der Regel die eben aufgezeigten Kriterien für empfehlenswerte Pflanzenschutzmittel erfüllen. Es soll jedoch nicht unerwähnt bleiben, daß es auch moderne »chemische« Präparate gibt, die auch eine recht große Zahl der erwähnten positiven Eigenschaften aufweisen. Wenn die biologischen Präparate zur Lösung bestimmter Pflanzenschutzprobleme nicht ausreichen, so kann auch auf eines dieser modernen chemischen Präparate zurückgegriffen werden.

Fast alle Präparate, die biologische Wirkstoffe enthalten, sind sogenannte Kontaktmittel. Dies bedeutet, daß die Schädlinge direkt mit der Spritzbrühe in Berührung kommen müssen, damit diese ihre Wirkung entfalten kann. Natürliche Wirkstoffe werden nicht über die Wurzel aufgenommen und wirken auch nicht wie manche chemische Wirkstoffe dadurch, daß der Wirkstoff verdampft und die Schädlinge auf diese Weise beseitigt. Aus diesem Grunde müssen diese Mittel sehr sorgfältig auf alle Pflanzenteile gespritzt werden. Insbesondere die Blattunterseiten müssen stets mitbehandelt werden, da sich der Großteil der Schädlinge oft in diesem Bereich aufhält.

Kleinere Topfpflanzen sollten hochgehalten werden, damit sie auch wirklich von unten benetzt werden können. Für größere Pflanzen sind besonders Spritzen, deren Düse in verschiedenen Richtungen verstellbar ist, empfehlenswert. Man hält die Düse »verkehrt herum«, so daß die Spritzbrühe von unten nach oben gespritzt wird. Der zumeist kleinere Teil der Schädlinge, der sich auf den Blattoberseiten befindet, wird automatisch von der heruntertropfenden Brühe miterfaßt.

Charakteristisch für die meisten Naturstoffe, die in Pflanzenschutzmitteln zum Einsatz kommen, ist, daß die Wirkstoffe nur relativ kurz auf den Blättern aktiv sind und somit nach wenigen Stunden bzw. 1 bis 2 Tagen keine Wirksamkeit mehr aufweisen. Kommt es zu einer Neubesiedlung durch Schädlinge, muß die Spritzung wiederholt werden.

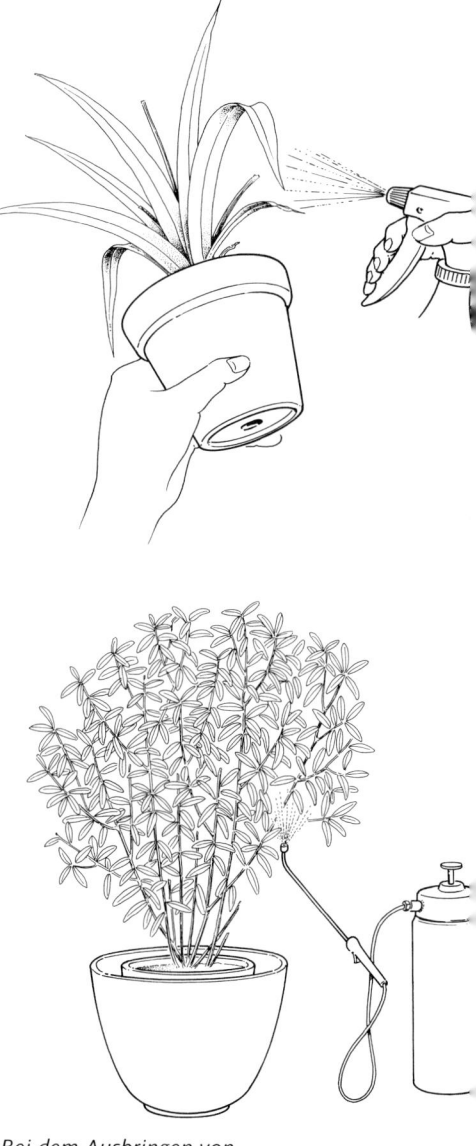

Tees, Jauchen, Brühen und Co.

In vielen Gartenbüchern werden zur Pflanzenpflege und Schädlingsabwehr immer wieder Rezepturen genannt, mit deren Hilfe verschiedenste Tees, Jauchen oder Brühen selbst hergestellt werden können. Einige dieser Präparate blieben jedoch in wissenschaftlichen Versuchen den Beweis ihrer Wirksamkeit schuldig. Außerdem ist die Herstellung meist recht zeitaufwendig. Oft ist es auch nicht möglich, die erforderlichen Zutaten stets in der gleichen Qualtität zu beschaffen, so daß Wirksamkeitsschwankungen nicht auszuschließen sind. Nicht unerwähnt bleiben sollte in diesem Zusammenhang die immer noch von manchen Hobbygärtnern verwendete Nikotinbrühe. Von der Herstellung einer solchen Brühe aus Zigarettentabak kann nur abgeraten werden, da Nikotinbrühe äußerst giftig ist und eigentlich nur mit Schutzkleidung und Atemschutzmaske ausgebracht werden dürfte.

In diesem Buch werden aus diesen Gründen keine Rezepte für selbsther-

Bei dem Ausbringen von Pflanzenschutzmitteln ist es wichtig, die Blätter auch von unten zu benetzen.

gestellte Mittel gegeben. Vielmehr werden hier empfehlenswerte zugelassene Pflanzenschutzmittel bzw. Wirkstoffe für den Gebrauch im Zimmer, Wintergarten und Balkon genannt, die in jahrelangen Tests ihre Wirksamkeit und toxikologische Unbedenklichkeit bewiesen haben.

Fettsäurenpräparate

Präparate auf der Basis von Fettsäuren werden in erster Linie gegen saugende Insekten wie z. B. Blattläuse, Weiße Fliegen und Spinnmilben eingesetzt.

Fettsäuren werden aus in der Natur vorkommenden Ölen gewonnen. Der Begriff Fettsäuren ist aus dem Lebensmittelbereich bekannt, wo z. B. Margarine oder pflanzliche Öle Fettsäuren enthalten. Die Fettsäuren werden anschließend z. B. mit Kalium verseift. Somit sind Pflanzenschutzmittel, die z. B. Kaliumsalze natürlicher Fettsäuren als Wirkstoff enthalten, im Grunde spezielle Seifen. Das bekannteste Produkt dieser Wirkstoffgruppe heißt Neudosan. Kommen Insekten mit diesen Substanzen in Berührung, wird deren Hautstruktur zerstört, so daß sie im Grunde in der Spritzbrühe vertrocknen. Auch die Atemwege der Schädlinge werden angegriffen. Für eine gute Wirksamkeit dieser Präparate kommt es somit entscheidend auf eine gute Spritztechnik an. Die Pflanzen müssen von allen Seiten eingesprüht werden. Da Eistadien von Insekten nicht miterfaßt werden, müssen die Behandlungen ein- bis zweimal im 5- bis 7tägigem Abstand wiederholt werden. Auch bei starkem Blattlausbefall, wie z. B. häufig beim Hibiskus zu beobachten, müssen die Behandlungen wiederholt werden, da

die Läuse unter Umständen in »mehreren Schichten« auf Blättern und Knospen sitzen. Somit ist nur bei einer Wiederholung der Behandlung auch eine wirklich gute Benetzung aller Schädling gewährleistet. Bei Fettsäurenpräparaten sollte darüberhinaus beachtet werden, daß möglichst weiches Wasser, z. B. weiches Leitungswasser, Regenwasser oder destilliertes Wasser verwendet wird. Hartes Wasser vermindert die Wirksamkeit der Präparate.

Bei der Erfolgskontrolle der Spritzmaßnahme muß beachtet werden, daß die getroffenen Insekten, insbesondere die Blattläuse, oftmals zwar abgetötet sind, aber nicht wie bei der Anwendung von chemischen Präparaten sofort von den Pflanzen herunterfallen. Dies liegt daran, daß die abgetöteten Insekten mit ihrem Saugrüssel noch im Blatt stecken und erst nach einigen Tagen herunterfallen, wenn sie eingetrocknet sind.

Die Anwendung von Fettsäurenpräparate wie z. B. Neudosan kann zu leichten Schäden an voll entfalteten Blüten führen. Diese fallen bei den ständig wieder nachblühenden Balkonpflanzen meist nicht ins Gewicht. Bei blühenden Zimmerpflanzen, die in der Regel nicht so rasch neue Blüten bilden, können Fettsäurenpräparate dagegen nur eingeschränkt empfohlen werden.

Ölpräparate

Pflanzenschutzmittel auf der Basis von Ölen werden in erster Linie gegen Wolläuse, Schildläuse und Spinnmilben eingesetzt. Daneben können mit einigen Präparaten auch Blattläuse, Weiße Fliegen und andere saugende Insekten bekämpft werden.

Wirkungsweise von biologischen Pflanzenschutzmitteln

Ölpräparate werden auf der Basis von gereinigten Mineralölen oder Rapsölen angeboten. Bekannte Mittel mit diesen Wirkstoffen sind z. B.»Promanal Neu« oder »Schädlingsfrei Naturen«. Die Wirkung beruht darauf, daß die Schadtiere einschließlich deren Eier durch den Ölüberzug erstickt werden. Auch hier kommt es auf eine gründliche Behandlung an, damit auch tatsächlich alle Tiere getroffen werden. Die Wirkung der Öle ist in vielen Fällen gut. Ein Problem ist jedoch die Pflanzenverträglichkeit, denn nicht alle Pflanzenarten vertragen den Ölüberzug. Die Gebrauchsanleitung gibt hier wertvolle Hinweise über die Verträglichkeit bei einzelnen Pflanzenarten. In jedem Fall sollten die Pflanzen während und auch einige Tage nach der Behandlung nicht dem direktem Sonnenlicht ausgesetzt werden, da dies unter Umständen zu Blattverbräunungen oder Blattfall führen kann. Wichtig ist auch, daß die durch Schädlingsbefall und Spritzung gestreßte Pflanze nicht noch zusätzlich durch ungleichmäßiges Gießen oder sehr trockene Luft belastet wird. Von der Qualität der Pflege nach der Behandlung hängt die Reaktion der Pflanze auf eine Spritzung mit Ölpräparaten entscheidend ab. Deshalb sollte hierauf möglichst viel Aufmerksamkeit gerichtet werden.

Ölpräparate können auch an vollentfalteten Blüten u. U. leichte Schäden verursachen. Die Anwendung an blühenden Pflanzen kann daher nur eingeschränkt empfohlen werden.

Genau wie bei den Fettsäurepräparaten muß auch bei der Erfolgskontrolle einer Ölspritzung beachtet werden, daß die getroffenen Insekten erst nach einigen Tagen bzw. bei Schildläusen erst nach vielen Wochen von den Blättern fallen. Bei genauerem Hinsehen, z. B. mit einer Lupe, fällt jedoch schon nach kurzer Zeit eine deutliche Verfärbung der Insekten auf, die die Wirksamkeit der Präparate zeigt.

Naturpyrethrumpräparate

Mittel, die als Wirkstoff Naturpyrethrum enthalten, werden gegen saugende Insekten wie z. B. Blattläuse, Zikaden oder Thripse eingesetzt. Sie besitzen jedoch auch eine Wirkung gegen viele andere Insekten wie z. B. Käfer, Wanzen oder Raupen. Naturpyrethrumpräparate sind im Handel z. B. unter dem Namen Spruzit oder Parexan erhältlich.

Pyrethrum wird aus den Blüten einer afrikanischen Chrysanthemenart gewonnen. Die darin enthaltenen Wirkstoffe, die Pyrethrine, werden extrahiert und in vielen verschiedenen Pflanzenschutz- und Schädlingsbekämpfungsmitteln verwendet. Zusätzlich enthalten alle Pyrethrummittel einen »Wirkungsverstärker« nämlich Piperonylbutoxid. Dieser Stoff sorgt dafür, daß die Abwehrmechanismen, die die Insekten gegen das Pyrethrum haben, nicht zum Tragen kommen. Naturpyrethrum allein ist in der Regel nicht ausreichend wirksam. Piperonylbutoxid wurde ursprünglich aus den Wurzeln eines tropischen Strauches gewonnen, wird jetzt aber synthetisch hergestellt. Pyrethrum ist ein Stoff, der auf das Nervensystem von Insekten und anderen Kaltblütern wirkt. Durch den Kontakt mit Naturpyrethrum sterben die getroffenen Insekten sehr schnell ab. Naturpyrethrum ist nicht zu verwechseln mit den Pyrethroiden, einer anderen Wirkstoffgruppe, die in letzter Zeit durch verschiedene Veröffentlichungen in Verruf geraten ist. Pyrethroide werden jedoch komplett synthetisch hergestellt und haben in einigen Punkten grundlegend andere Eigenschaften als Naturpyrethrum. Mittel, die Naturpyrethrum als Wirkstoff enthalten, können jedoch im Haus und auf dem Balkon unbedenklich angewendet werden. Beachten sollte man jedoch, daß Pyrethrum nicht nützlingsschonend ist, so daß es nur als »Notnagel« des Biogärtners dienen sollte. Besitzer von Aquarien und Terrarien müssen bei der Anwendung von pyrethrumhaltigen Mitteln darauf achten, daß keine Spritzbrühe in die Behältnisse gelangt, da auch Fische und Amphibien durch Pyrethrum geschädigt werden können.

Der Erfolg einer Pyrethrumspritzung ist bereits nach kurzer Zeit sichtbar, da dieser Wirkstoff über das Nervensystem der Insekten wirkt. Hierdurch ziehen die Schädlinge ihren Saugrüssel aus dem Blatt, bevor sie absterben, so daß die Schadtiere nach kurzer Zeit herunterfallen, was die Erfolgskontrolle erleichtert.

Bacillus thuringiensis-Präparate

Bacillus thuringiensis-Präparate werden gegen Raupen von Schadschmetterlingen eingesetzt. Der *Bacillus thuringiensis* kommt in der Natur vor und befällt Schmetterlingsraupen. Der *Bacillus* wird seit vielen Jahren großtechnisch produziert und vielfach in Landwirtschaft und Gartenbau eingesetzt. *Bacillus thuringiensis*-haltige Mittel wie z. B. »Neudorffs Raupenspritzmittel« werden von den Raupen bei ihrer Fraßtätigkeit aufgenommen und führen zu einer Art Blutvergif-

tung. Hierdurch stellen die Raupen nach einigen Stunden ihre Fraßtätigkeit ein und sterben schließlich nach einigen Tagen gänzlich ab. Die Präparate sind auf dem Blatt ca. 4 bis 6 Tage wirksam.

Bekämpfung mit Nützlingen

Nützlinge sind die natürlichen Gegenspieler der Pflanzenschädlinge. Sie fressen die Schadorganismen, saugen sie aus oder legen ihre Eier in ihnen ab, so daß der Schädling während der Entwicklung des Nützlings abstirbt. Der gezielte Einsatz von Nutzorganismen zur Dezimierung von Schädlingen wird in biologisch wirtschaftenden Gartenbaubetrieben schon seit längerer Zeit erfolgreich durchgeführt und gewinnt auch im Hobbygartenbau zunehmend an Bedeutung. Dies gilt für Wintergarten und Kleingewächshaus, aber auch für das Blumenfenster. Einige Nützlingsarten können auch im Freien eingesetzt werden. Die verschiedenen Nützlingsarten werden in Zuchtbetrieben massenhaft vermehrt und können von dort bezogen werden. Sie werden auch über Gutscheine im Fachhandel angeboten und dem Besteller nach Einsendung des Gutscheines direkt zugesandt. Je nach Nützlingsart werden die »kleinen Helfer« als erwachsene Tiere, Larven, Eier oder Puppen geliefert.

Auch die Frage, was mit den Nützlingen passiert, wenn sie ihre Arbeit getan haben, also keine Schädlinge mehr vorhanden sind, ist leicht beantwortet: Die Nützlinge sind auf den entsprechenden Schädling, gegen den sie eingesetzt worden sind, angewie-

Wichtige Punkte bei der Anwendung von biologischen Pflanzenschutzmitteln:

- Gebrauchsanleitung genau beachten.
- Alle Pflanzenteile inklusive der Blattunterseiten tropfnaß spritzen.
- Spritzung eventuell wiederholen, um auch aus Eiern nachschlüpfende Insekten zu erfassen (Gebrauchsanleitung).
- Pflanzen nie bei direkter Sonneneinstrahlung behandeln, sondern frühmorgens oder abends.
- Pflanzen nach der Spritzung nicht sofort wieder dem direkten Sonnenlicht aussetzen.
- Nur soviel Spritzbrühe ansetzen wie gebraucht wird. Spritzmittelreste nicht stehenlassen, da die Wirksamkeit nach kurzer Zeit verloren geht.
- Nebenwirkungen der Spritzpräparate durch optimale Pflege, insbesondere gleichmäßiges Gießen, minimieren

sen. Sobald die Schaderreger vernichtet sind, stirbt auch der Nützling. Auch wenn beim Nützlingseinsatz oft die Rede von »Milben«, »Mücken« oder »Wespen« ist, besteht absolut keine Gefahr, daß Menschen oder Haustiere belästigt werden. Nützlinge tun unauffällig ihren Dienst. Viele sind winzig klein oder nachts aktiv, so daß sie kaum auffallen werden. In den Räumen mit Nützlingen kann ganz normal gelüftet werden. Der Einsatz von Nützlingen als Schädlingsbekämpfer bietet gegenüber der Anwendung von Spritzmitteln viele Vorteile.

Wenn Pflanzenschädlinge mit Nützlingen bekämpft werden, ist es vorher unbedingt notwendig, eine sichere Diagnose zu stellen, weil Nützlinge sehr selektiv wirken. Ist der Schädling, der die Pflanze(n) befallen hat, erkannt, kann aus der Tabelle abgelesen werden, ob eine Bekämpfung mit Nützlingen möglich und sinnvoll ist. Zwischen verschiedenen Nützlingsarten bestehen keine »Unverträglichkei-

Viele biologische Pflanzenschutzmittel werden als anwendungsfertiges Produkt angeboten.

ten, es können mehrere Arten gleichzeitig ausgebracht werden. Die Tabelle stellt den zur Zeit (1996) aktuel-

Einsatzmöglichkeiten verschiedener Nützlinge
* = gut einsetzbar   (*) = bedingt einsetzbar   - = nicht einsetzbar

Nutzorganismen	bekämpfbare Schädlinge	Anwendungsbereiche		
		Gewächshaus / Wintergarten	Fensterbank	Balkon / Terasse
Raubmilben (*Phytoseiolus persimilis*)	Spinnmilben	*	*	(*)
Schlupfwespen (*Encarsia formosa*)	Weiße Fliegen	*	*	(*)
Florfliegen (*Chrysoperla carnea*)	Blattläuse, Thripse	*	*	*
Räuberische Gallmücken (*Aphidoletes aphidimyza*)	Blattläuse	*	(*)	-
Schlupfwespen (*Aphidius colemani*)	Blattläuse	*	*	-
Schwebfliegen (*Episyrphus balteatus*)	Blattläuse	-	-	*
Australische Marienkäfer (*Cryptolaemus montrouzieri*)	Woll- und Schmierläuse	*	*	-
Wollausschlupfwespen (*Leptomastix dactylopii* u. *Leptomastidea abnormis*)	Woll- und Schmierläuse	*	*	-
Schildlausschlupfwespen (*Metaphycus helvolus, Microterys flavus* u.a).	Schildläuse	*	*	-
Schildlauskäfer (*Lindorus lophantae, Chilicorus* sp.)	Schildläuse	*	*	-
Parasitäre Nematoden (*Heterorhabditis* sp.)	Dickmaulrüßler	*	*	*
Parasitäre Nematoden (*Steinernema bibionis*)	Trauermücken	*	*	*

Ameisen können den Nützlingseinsatz gefährden.

len Stand an vorhandenen Nützlingen zur Schädlingsbekämpfung dar.

Wenn sich herausgestellt hat, daß ein Nützlingseinsatz von den Umständen her grundsätzlich möglich ist, sollten zusätzlich die Kosten abgewogen werden. Hobbypackungen der meisten aufgeführten Nützlinge gibt es von den meisten Anbietern zu einem Preis ab ca. 20 DM (Stand 1996), wobei einige Arten noch etwas teurer sind. Ist nur eine einzelne, verhältnismäßig billige Topf- oder Balkonpflanze befallen, so muß überlegt werden, ob sich der Einsatz rechnet. Sind jedoch mehrere Pflanzen, eine ganze Wintergartenbepflanzung oder teurere Einzelexemplare befallen, wird der Kauf von Nützlingen sehr schnell auch finanziell vertretbar.

---

8 gute Gründe für den Nützlingseinsatz

- keine gesundheitlichen Risiken für den Anwender
- kein großer Zeitaufwand bei der Ausbringung, Pflanzen können an Ort und Stelle bleiben
- keine zusätzlichen Geräte zur Ausbringung nötig
- keine Belastung von Luft, Wasser oder Boden
- keine schädlichen Rückstände auf den Pflanzen
- keine Einhaltung von Wartezeiten
- keine Resistenzbildung bei den Schädlingen
- keine Belastung bzw. Beschädigung der Pflanzen durch Pflanzenschutzmittelanwendung

---

Neben dem rein wirtschaftlichen Aspekt sollte jedoch auch nicht außer acht gelassen werden, daß der Einsatz und die anschließende Beobachtung der Nützlinge ein Stück erlebte Natur darstellt, die fast jeden Gärtner sofort fesselt und fasziniert.

Damit der Nützlingseinsatz ein voller Erfolg wird, sollte man folgende Punkte beachten:

• Eine regelmäßige Kontrolle der Pflanzen auf beginnenden Schädlingsbefall ist notwendig. Schon wenn der erste Schädling aufgetaucht ist, sollten Sie die Nützlinge einsetzen. Haben sich die Schädlinge erst stark ausgebreitet, kann es für einen Nützlingseinsatz schon zu spät sein. In diesem Fall sollten die Schädlinge zunächst mit einem biologischen Spritzmittel behandelt werden.

• Nützlinge können nicht zusammen mit oder unmittelbar nach einer Pflanzenschutzmittelanwendung ausgebracht werden. Eine Ausnahme bilden hier fettsäurehaltige Präparate (Neudosan) und ölhaltige Spritzmittel (Promanal, Naturen). Pflanzenschutzmittel mit Naturpyrethrum dürfen bis zu 3 Tage vor einem Nützlingseinsatz benutzt werden. Nach der Anwendung von chemischen Mitteln können Wartezeiten von bis zu 10 Wochen notwendig werden. Nähere Auskünfte erteilen die Nützlingslieferanten.

• Die Nützlinge müssen sofort am Ankunftstag ausgebracht werden. Eine Lagerung ist nur bedingt möglich. (Nähere Angaben dazu finden sich bei den einzelnen Nützlingsbeschreibungen.)

• Die Nützlinge benötigen eine gewisse Mindesttemperatur, um effektiv »arbeiten« zu können. Diese beträgt bei den meisten Arten 18 bis 20 °C. Florfliegen und Schwebfliegen arbeiten bereits ab 14 °C recht gut. Parasitäre Nematoden benötigen eine Bodentemperatur von mindestens 12 °C.

• In den dunklen Wintermonaten fördert eine Zusatzbelichtung die Aktivität der Nützlinge.

Ameisen, die häufig zusammen mit Pflanzenschädlingen auftauchen, müssen bekämpft werden, denn sie können den Erfolg des Nützlingseinsatzes entscheidend gefährden. Die Ameisen verteidigen z. B. Schildläuse und Wolläuse gegen nützliche Schlupfwespen und hindern diese an der Eiablage. Auch nützliche Käfer bzw. deren Larven werden von Ameisen bekämpft und von diesen regelrecht von der Pflanze geworfen. Näheres zur Ameisenbekämpfung siehe Seite 178 f.

Bekämpfung mit biotechnischen Hilfsmitteln

Unter biotechnischem Pflanzenschutz sind Verfahren zu verstehen, die natürliche Reaktionen der Schädlinge auf physikalische Reize, wie beispielsweise Licht oder bestimmte Farben, oder chemische Reize, wie bestimmte Gerüche, ausnutzen. Mit diesen Hilfsmitteln können Schädlinge bis auf ein erträgliches Maß reduziert werden. Als wichtigstes Instrument sei hier auf Gelbtafeln bzw. Gelbsticker hingewiesen. Diese Gelbfallen sind mit geruchlosem, insektizidfreiem Leim bestrichen, der weder austrocknet noch unter direkter Wärmeeinwirkung z. B. in der Nähe einer Heizung tropft. Die

Gelbfallen dienen der Früherkennung und der Reduzierung von Schädlingen.

Schadorganismen werden durch die gelbe Farbe angelockt und bleiben auf dem Leim kleben. Gelbfallen eignen sich gut, um einfliegende Schädlinge, wie z. B. Weiße Fliegen, Thripse, Trauermücken, Minierfliegen und geflügelte Blattläusen abzufangen, so daß ein Befall von vorn herein vermieden wird. Eingesetzt werden sie aber zur Früherkennung von Schädlingsbefall, um möglichst frühzeitig Nützlinge einsetzen oder andere Bekämpfungsmaßnahmen einleiten zu können.

Für Topfpflanzen eignen sich die kleineren Gelbsticker, die direkt oder an einem Stab in die Blumenerde gesteckt werden. Für größere Pflanzen und im Wintergarten sind die größeren Gelbtafeln besser geeignet, die in den Pflanzen aufgehängt werden.

Biologie und Bekämpfung der wichtigsten Schädlinge

Florfliegenlarven werden direkt in die Blattlauskolonien gestreut.

Blattläuse

Blattläuse gehören zu den häufigsten Schädlingen an unseren Zierpflanzen. Sie treten in verschiedenen Formen und Farben, wie Grün, Gelb, Grau oder Schwarz, sowohl an Zimmerpflanzen als auch im Wintergarten oder auf dem Balkon auf. An Zierpflanzen befindet sich am häufigsten die »Grüne Pfirsichblattlaus« (*Myzus persicae*).

Die Blattläusen siedeln sich in Kolonien bevorzugt an den Triebspitzen und an den Blattunterseiten der jüngsten und der ältesten Blätter an. An diesen Stellen ist der Pflanzensaft, von dem sich die Blattläuse ernähren am nährstoffreichsten. Die jungen Pflanzenteilen enthalten viele Nährstoffe für das Pflanzenwachstum, in den älteren Blättern finden kurz vor dem Blattfall Abbauprozesse statt, so daß Nährstoffe in die Pflanze zurückgeleitet werden können. Blattläuse ernähren sich, indem sie mit ihrem Rüssel bis in die Leitbündel der betreffenden Pflanze einstechen und von dem zukkerhaltigen Pflanzensaft saugen. Bevor sie eine geeignete Saugstelle gefunden haben, testen sie mit mehreren Probestichen das Gewebe. Haben sie ein Leitbündel getroffen, fließt der Pflanzensaft durch den in der Pflanze herrschenden Unterdruck direkt in die Laus hinein, ohne daß sie aktiv saugen muß. Um genügend lebenswichtiges Eiweiß aufzunehmen, müssen Blattläuse mehr Pflanzensaft aufnehmen, als sie verdauen können. Den überschüssigen Zucker scheiden die Blattläuse dann als klare, klebrige Flüssigkeit, den sogenannten »Honigtau«, wieder aus. Durch ihre Saugtätigkeit sind Blattläuse in der Lage, Vi-

Blattläuse an einer Hibiskusblüte.

ren aufzunehmen und diese auf eine andere Pflanze zu übertragen. Zusammengefaßt richten Blattläuse folgenden Schaden an:

1. Durch ihre Saugtätigkeit verkrüppeln Blätter und Triebspitzen, Knospen fallen ab.
2. Auf dem ausgeschiedenen Honigtau siedeln sich Rußtaupilze an, die die Assimilationsleistung der Pflanze herabsetzen.
3. Blattläuse übertragen Viren von kranken auf gesunde Pflanzen.

Die grüne Pfirsichblattlaus kann sich sowohl geschlechtlich als auch ungeschlechtlich vermehren. Während die geschlechtliche Vermehrung im Herbst stattfindet und mit einem Wirtswechsel vom Sommer- zum Winterwirt verbunden ist, findet die

Anwendungsbereiche der verschiedenen Blattlausnützlinge

	Luftfeuch-tigkeitsan-spruch	Tempe-ratur	Licht-an-spruch	Einsatz-zeitpunkt	Blu-men-fenster	Winter-garten Gewächs-haus	Bal-kon/ Ter-rasse
Räuberische Gallmücke	mittel bis hoch	18 bis 27 °C	nur im Langtag (März bis Sept)	mittlerer Befall	(*)	*	-
Florfliege	gering	14 bis 30 °C	ganz-jährig	starker Befall	*	*	*
Blattlaus-Schlupfwespe	mittel	15 bis 30 °C	Febr. bis Nov.	Anfangs-befall	*	*	-
Schwebflie-gen	mittel	15 bis 25 °C	ganz-jährig	starker Befall	-	-	*
Marienkäfer	noch keine genauen Angaben verfügbar, der Einsatz ist noch im Versuchs-stadium						

* = gut einsetzbar   (*) = bedingt einsetzbar   - = nicht einsetzbar

ungeschlechtliche Vermehrung im Frühjahr und Sommer auf dem Sommerwirt statt. Wenn die Temperatur es zuläßt, kann die ungeschlechtliche Vermehrung aber auch das ganze Jahr über stattfinden. Dies kann z. B. im Wintergarten der Fall sein. Diese Vermehrungsart funktioniert weitaus schneller als die geschlechtliche Vermehrung.

Auf dem Sommerwirt gebären die Weibchen ohne Befruchtung in mehreren Generationen ausschließlich weitere weibliche Tiere. Eine Eiablage findet hier nicht statt. Die Tiere sind in der Regel ungeflügelt. In vier Stadien entwickeln sie sich zu ausgewachsenen Blattläusen. Nach jedem dieser Entwicklungsschritte werfen die Jungtiere ihre Haut ab, die oft als schneeweiße Hüllen, sogenannte Exuvien, auf den Blättern oder auf der Fenster-

bank zu finden sind, bevor der Blattlausbefall überhaupt entdeckt wird.

Wenn die Blattlauspopulation zu groß wird und diese sich gegenseitig verdrängen, werden geflügelte Tiere geboren. Diese schwärmen aus und haben auf einer anderen Pflanze wiederum flügellose Nachkommen. Bei hohen Temperaturen können sich Blattläuse explosionsartig vermehren. Innerhalb von 3 Wochen kann ein einziges Blattlausweibchen 50 bis 100 Jungtiere gebären.

Einsatz von Räuberischen Gallmücken

Die ausgewachsene Räuberische Gallmücke ist nur sehr selten einmal zu sehen. Sie ist nachtaktiv und hält sich tagsüber nur an schattigen, windstillen Plätzen mit hoher Luftfeuchtigkeit auf (z. B. unter den untersten Pflan-

**Bekämpfung durch Nützlingsein-
satz**

Zur Blattlausbekämpfung eignen
sich fünf ihrer natürlichen Gegenspieler:

- Räuberische Gallmücken (*Aphi-
  doletes aphidimyza*)
- Florfliegen (*Chrysoperla carnea*)
- Schwebfliegen (*Episyrphus balteatus*)
- Schlupfwespen (*Aphidius cole-
  mani*)
- Marienkäfer (*Coccinella septem-
  punctata*)

Nicht alle Nützlingsarten sind für
die verschiedenen Standorte Ihrer
Blumen und Zierpflanzen (Blumenfenster, Wintergarten/Kleinge-
wächshaus und Balkon/Terasse)
gleich gut geeignet. Aufgrund un-
terschiedlicher Wärme-, Luftfeuch-
tigkeits- und Lichtansprüche ergeben sich die in der Tabelle aufgeführten Anwendungsbereiche.

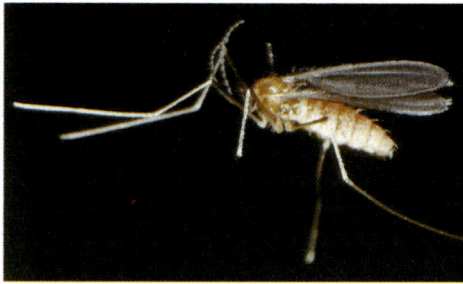

*Räuberische Gallmücke: oben adultes
Tier, unten orangerote Gallmückenlarven
in einer Blattlauskolonie.*

zenblättern, dicht über der Erde.)
Diese Mücke ist etwa 2 mm groß und
somit deutlich kleiner als die gemeine
Stechmücke. Gallmücken können
Menschen nicht stechen!

Die erwachsenen Mücken sind
selbst keine Räuber. Dennoch sind sie
von den Blattläusen abhängig, da sie
sich von den Honigtauausscheidungen der Läuse ernähren.

Die weibliche Gallmücke lebt ca.
5 bis 8 Tage. Sie fliegt nachts umher
und wird vermutlich vom Duft des
Honigtaus angelockt, so daß man ihre
Eier nur auf Blättern mit Blattläusen
findet. Im Laufe ihres Lebens legt sie
etwa 100 bis 150 orangerote Eier. Aus
diesen schlüpfen nach 2 Tagen die

ebenfalls orangeroten, anfangs etwa
0,3 mm langen Larven. Findet die
Larve eine Blattlaus, so sticht sie diese
meist am Kniegelenk an und injiziert
ihr ein Gift, welches die Blattlaus
lähmt und gleichzeit innerlich verflüs-
sigt. Anschließend wird das Opfer
ausgesaugt. Die Larve lebt ca. 1 Woche lang und tötet im Laufe ihrer Entwicklung ca. 50 Läuse. Zum Schluß
läßt sich die vollentwickelte, inzwischen etwa 3 mm große Larve vom
Blatt fallen und verpuppt sich im Boden. Nach etwa 14 Tagen schlüpfen
die erwachsenen Gallmücken aus den
Puppenhüllen und die Weibchen beginnen kurz darauf wieder mit der Eiablage.

Praktische Anwendung von Räuberischen Gallmücken

Voraussetzungen
- Bei sehr starkem Schädlingsbefall empfiehlt sich vor der Freilassung von Nutzorganismen eine Behandlung mit nützlingsschonenden Pflanzenschutzmitteln.
- Eventuell vorhandene Ameisen müssen entfernt werden, da diese den Bekämpfungserfolg vermindern können.
- Zwischen September und März sind die Tage so kurz, daß die Gallmücken in die Winterruhe gehen. Bei Einsatz in der lichtarmen Zeit empfiehlt sich daher eine Zusatzbelichtung – normales Zimmerlicht genügt – oder die Anwendung eines anderen Blattlausvertilgers (z. B. Florfliege).

Freilassung
- Die Räuberischen Gallmücken werden im Puppenstadium, eingebettet in Torf, verschickt. Bei Anfangsbefall sind ca. 80 Puppen für eine Wintergarten- oder Gewächshausfläche von 5 bis 10 m^2 ausreichend.
- Das Substrat mit den Puppen wird häufchenweise auf der Topferde ihrer Pflanzen verteilt und feuchtgehalten.
- Nach zwei Wochen empfiehlt sich eine zweite Freilassung

Erfolgskontrolle
- Nach einer Woche sollten in den Blattlauskolonien die ersten orangeroten Larven zu finden sein. Zur Kontrolle eine Lupe verwenden! Die Larven haben anfangs nur eine Länge von etwa 0,3 mm und wachsen innerhalb einer Woche auf ca. 3 mm an.
- Nach 2 bis 3 Wochen sollte der Blattlausbefall deutlich reduziert sein.

Aus dem Entwicklungszyklus der Räuberischen Gallmücke ist ersichtlich, warum ihr Einsatz im Wintergarten und im Gewächshaus am erfolgreichsten ist: hier findet sie hohe Luftfeuchtigkeit, optimale Temperaturen (sie vermehrt sich am schnellsten zwischen 20 und 25 °C) und genügend große Pflanzgefäße für ihre Verpuppung.

Je größer die Gefäße sind, desto besser sind die Ansiedelungschancen. Im Wintergarten und im Gewächshaus kann der Nützling, solange Blattläuse vorhanden sind, über mehrere Gallmückengenerationen gehalten werden. Der Blattlausbefall kann so die ganze Saison über gering gehalten werden.

Das Blumenfenster bietet der Gallmücke zwar genügend hohe Temperaturen, jedoch fehlt es meistens an Luftfeuchtigkeit und genügend großen Töpfen, die eine Verpuppung ermöglichen. Eine Ansiedlung des Nützlings ist daher für diesen Bereich nicht möglich.

Im Freiland sind die Räuberischen Gallmücken nicht geeignet, denn sie sind nicht ortstreu und schwärmen nach dem Schlüpfen aus der Puppenhülle aus.

Erwachsene Florfliege.

Räuberische Gallmücken werden mit dem Torf, in dem sie verschickt werden, auf der Topferde verteilt. Anschließend muß die Oberfläche feucht gehalten werden.

Einsatz von Florfliegen

Florfliegen sind bei uns heimisch und auch unter dem Namen »Goldauge« bekannt. Die erwachsenen Tiere sind 10 bis 15 mm groß, hellgrün gefärbt und haben große, netzartige Flügel, die in Ruhestellung dachförmig gehalten werden. Wie der Name schon sagt, haben sie metallisch glänzende, goldfarbene Augen. Im Spätherbst verfärben sich die Florfliegen gelblich bis bräunlich. Die erwachsenen Tiere suchen dann oft ungeheizte Zimmer oder Dachböden auf, die sie als Winterquartier benutzen.

Wie bei den Räuberischen Gallmükken sind auch hier die erwachsenen Tiere keine Räuber. Sie ernähren sich von Nektar, Honigtau und Pollen.

Florfliegenweibchen legen ungefähr 400 Eier. Die Eiablage erfolgt ungezielt, d. h. sie ist nicht unbedingt an das Vorhandensein von Blattläusen oder von anderen Schädlingen gebunden. Florfliegeneier sind zwar klein, aber sehr auffällig, da sie auf ca. 5 bis 10 mm langen Stielchen aus erhärtetem Sekret sitzen. Diese Stiele schützen die Eier und die frisch ausschlüpfenden Larven vor anderen Räubern und auch vor ihren Artgenossen, die bei mangelnder Nahrung schon mal kannibalisch werden können. Die Eier sind zunächst hellgrün, später bräunlich und verfärben sich nach dem Ausschlüpfen der Larven weiß. Die ausschlüpfenden Larven sind sehr gefräßig und werden deshalb auch »Blattlauslöwen« genannt. Die zunächst winzigen Tiere, deren Körperform an

141

kleine Krokodile erinnert, entwickeln sich in mehreren Larvenstadien je nach Temperatur in 2 bis 3 Wochen bis zu einer Größe von 5 bis 10 mm. Sie haben große, zangenförmige Kiefer, mit denen sie ihre Beute festhalten. Florfliegenlarven töten ihre Beutetiere, indem sie ihnen ein giftiges Sekret einspritzen, das die Läuse zunächst lähmt und dann das Innere der Tiere auflöst. Anschließend wird der Saft ausgesaugt. Die dämmerungsaktiven »Blattlauslöwen« sind nicht auf Blattläuse spezialisiert, sie können sich auch von anderen weichhäutigen Insekten ernähren. So werden sie auch sehr erfolgreich in der Thripsbekämpfung eingesetzt. Junge Wolläuse werden ebenfalls von Florfliegen als Nahrung angenommen. Im Laufe ihrer Entwicklung kann eine einzige Florfliegenlarve bis zu 300 Blattläuse ab-

töten. Im letzten Larvenstadium spinnt die Larve einen weißen, kreisrunden Kokon, in dem die Verpuppung stattfindet. Aus bisher noch nicht geklärten Gründen endet die Entwicklung der Florfliegenlarve mit dem Puppenstadium, wenn sie gezielt auf der Fensterbank, im Wintergarten oder im Gewächshaus eingesetzt wird. Es treten in der Regel keine erwachsenen Tiere auf. Dies ist einerseits ein Vorteil, weil man die Florfliegenlarven so auch in Wohngebäuden einsetzen kann, ohne befürchten zu müssen, später ganze Florfliegenschwärme in der Wohnung zu haben. Andererseits können sich Florfliegenlarven daher auch nicht dauerhaft ansiedeln. Es bildet sich kein ausgewogenes Verhältnis zwischen Schädling und Nützling, durch das die Schädlinge über längere Zeit in Schach gehalten werden könn-

Florfliegenlarven werden auch »Blattlauslöwen« genannt.

Praktische Anwendung von Florfliegen

Voraussetzungen
• Eventuell vorhandene Ameisen müssen entfernt werden, da diese den Bekämpfungserfolg vermindern können.
• Eine Mindesttemperatur von 14 °C sollte erreicht sein.
• Florfliegenlarven sollten eingesetzt werden, wenn schon die ersten Blattlauskolonien vorhanden sind.

Freilassung
• Florfliegen werden im Larvenstadium in einer gazeverschlossenen Pappwabe verschickt. Die früher übliche Versendung von Florfliegeneiern wird kaum noch durchgeführt. Für eine 2 m hohe Pflanze werden je nach Befallsstärke und Standortbedingungen 10 bis 20 Florfliegenlarven oder etwa 5 Larven pro m² bei niedrigen Pflanzen benötigt.
• Die Wabe wird Stück für Stück geöffnet, um die Larven dann gleichmäßig über die Pflanzen verteilt herauszuklopfen. Bei der Anwendung an schmalblättrigen Pflanzen besteht die Gefahr, daß zu viele Larven auf den Boden fallen und so nicht in die Schädlingskolonien finden. Darum sollte zunächst ein Papiertaschentuch oder Küchenkrepp in mehrere Teile zerschnitten und die Florfliegenlarven auf diesen Stücken ausgeklopft werden. Anschließend werden die Papierstücke mitsamt den Larven auf die Blätter gelegt. Die geöffnete Packung noch 24 Stunden auf einer befallenen Pflanze liegenlassen, damit auch zurückgebliebene Larven herauswandern können.
• Nach drei Wochen empfiehlt sich eine zweite Freilassung

Erfolgskontrolle
• Florfliegenlarven sind nacht- und dämmerungsaktiv und daher am Tage nur schwer im Bestand zu entdecken. Abends kann man sie aber durchaus bei ihrer Tätigkeit beobachten.
• Nach 2 Wochen sollte der Blattlausbefall deutlich reduziert sein.

ten. Florfliegenlarven sind also für den einmaligen Einsatz gedacht, aber dennoch äußerst effektiv. Aufgrund dessen werden sie auch »biologisches Insektizid« genannt.

Da Florfliegenlarven nicht wegfliegen können, sind sie sowohl in geschlossenen Räumen als auch im Freiland, z. B. an Balkonpflanzen oder in Rosenbeeten einsetzbar. Blattlaus-oder thripsbefallene Pflanzen sollten immer soweit zusammengerückt werden, daß die Blätter sich berühren. So haben die Florfliegenlarven die Möglichkeit, sich auszubreiten.

Ein weiterer Vorteil der Florfliegenlarven gegenüber anderen Blattlausgegenspielern sind ihr geringer Luftfeuchte- und Temperaturanspruch. Sie entfalten ihre Aktivität schon ab

14 °C, während ein Einsatz von z. B. Gallmücken erst ab 18 °C sinnvoll ist.

Einsatz von Schwebfliegen

Allein in Deutschland gibt es etwa 350 Schwebfliegenarten. Die für den Nützlingseinsatz angebotene *Episyrphus balteatus* ist in Gärten und Feldern einer der wichtigsten Blattlausgegenspieler. Die erwachsenen Schwebfliegen werden etwa 1 cm groß. Sie haben eine schwarze Brust mit einem gelblich-braunen Schildchen. Der Hinterleib ist gelb und mit schwarzen Doppelstrichen gezeichnet. Von Laien werden Schwebfliegen oft mit Wespen verwechselt. Man kann sie aber einfach unterscheiden, denn Schwebfliegen haben einen charakteristischen Schwebeflug, bei dem sie oft einige Zeit in der Luft stehenbleiben und sich dann ruckartig weiterbewegen. Zudem sind Schwebfliegen etwas kleiner als Wespen und es fehlt ihnen die charakteristische Wespentaille. Erwachsene Schwebfliegen ernähren sich nicht räuberisch, sondern leben von Pollen und Nektar.

Ein Weibchen kann bis zu 1000 Eier ausbilden, die es direkt in die Nähe von Blattlauskolonien ablegt, so daß

Schwebfliege.

die daraus schlüpfenden Larven direkt mit der Nahrungsaufnahme beginnen können. Schwebfliegenlarven haben keine Kopfkapsel und sind blind. Sie sehen nacktschneckenähnlich aus, sind beinlos, weichhäutig und farbig gezeichnet. Ihre Entwicklungsdauer ist temperaturabhängig. Je nach Temperatur brauchen sie 9 bis 22 Tage um von ihrer anfänglichen Größe von nur 1 bis 2 mm in 3 Larvenstadien bis zu einer Größe von 10 bis 20 mm heranzuwachsen. Im Verlauf ihres Larvenlebens kann jede Schwebfliege 300 bis 500 Blattläuse vertilgen. Sie hält die Blattläuse mit ihrem Speichelsekret fest, nimmt sie vom Blatt ab und saugt sie mit einem Mundhaken aus. Die Verpuppung der Schwebfliegenlarve erfolgt in einem tropfenförmigen Puparium unter einem Blatt. Je nach Temperaturbedingungen dauert das Puppenstadium 7 bis 15 Tage.

Schwebfliegenlarve.

Praktische Anwendung von Schwebfliegen

Voraussetzungen
- 4 Wochen vor dem Nützlingseinsatz sollten keine chemischen Pflanzenschutzmittel angewandt worden sein. Biologische Präparate auf der Basis von Fettsäuren, Öl und Naturpyrethrum können bis zu 3 Tagen vorher angewendet worden sein.
- Eine durchschnittliche Temperatur von 15 °C sollte erreicht werden, besser noch sind Temperaturen über 20 °C.
- Schwebfliegenlarven sollten eingesetzt werden, wenn schon die ersten Blattlauskolonien vorhanden sind.
- Schwebfliegenlarven sollten nur an glattblättrigen Pflanzen (Rose, Paprika etc.) angewendet werden.

Freilassung
- Schwebfliegenlarven werden in Buchweizenspelzen geliefert. Für eine 2 m hohe Pflanze werden je nach Befallsstärke und Standortbedingungen 10 bis 20 Larven oder etwa 5 bis 10 Larven pro m^2 bei niedrigen Pflanzen benötigt.
- Die Pflanzen werden etwas mit Wasser besprüht, damit die Schwebfliegenlarven besser haften bleiben, dann werden die Larven mit den Buchweizenspelzen direkt auf die Blattlauskolonien gestreut.
- Den Einsatz nach etwa 14 Tagen wiederholen.

Erfolgskontrolle
- Die Fraßaktivität der Larven kann sofort nach der Ausbringung beobachtet werden. Am besten wird dabei eine Lupe benutzt, da die hellen, anfangs nur 1 bis 2 mm großen Larven mit bloßem Auge kaum zu erkennen sind.
- Nach 7 bis 10 Tagen sollten die Blattlauskolonien deutlich reduziert sein.

Schwebfliegen werden erst seit kurzer Zeit in Zuchtbetrieben massenhaft vermehrt und gezielt gegen Blattläuse eingesetzt. Erfolgreich sind sie nur auf Pflanzen mit unbehaarten Blättern, wie z. B. Rosen oder Paprika. Auf behaarten Blättern können sich Schwebfliegenlarven aufgrund ihrer weichen Haut nur schwer fortbewegen. Noch nicht entgültig geklärt ist, ob der Einsatz von Schwebfliegen auch im Wohnbereich empfehlenswert ist, da sich möglicherweise viele erwachsene Schwebfliegen entwickeln können. Diese können zwar nicht stechen, werden oftmals aber als lästig empfunden. Im Freiland (Balkon/Terasse) ist ihr Einsatz aber durchaus sinnvoll und erprobt.

*Für das Ausbringen von Schwebfliegen werden die Blätter etwas mit Wasser besprüht,
dann werden die mit Buchweizenspelzen vermischten Larven darauf ausgestreut.*

Einsatz von Marienkäfern

Der Siebenpunktmarienkäfer ist wohl
der bekannteste Nützling überhaupt.
Abhängig vom Nahrungsangebot wird
er 5 bis 9 mm groß, hat einen halb-
kugelig geformten Körper und 7
schwarze Punkte auf den orangeroten
Flügeldecken. Kopf und Brust sind
schwarz gefärbt. Die Anzahl der
Punkte auf den Flügeldecken der Marienkäfer gibt nicht, wie vielfach angenommen, das Alter der Käfer an,
sondern ist eine artspezifische Körper-
zeichnung.

Käfer und Larven ernähren sich ausschließlich von Blattläusen. Ein einzi-
ger Käfer frißt bis zu 150 Blattläuse
pro Tag, eine Käferlarve vertilgt während ihrer 2- bis 3wöchigen Entwicklung etwa 800 Beutetiere. Die Voraussetzungen für den Einsatz der Marienkäfer zur Schädlingsbekämpfung
scheinen also gut zu sein. Es gibt der-

Marienkäfer und Marienkäferlarve.

146

zeit aber kaum praktische Erfahrung zu diesem Nützling, so daß noch keine sicheren Empfehlungen und Hinweise zur praktischen Anwendung gegeben werden können.

Einsatz von Schlupfwespen

Aphidius-Schlupfwespen werden in verschiedenen Arten zur Blattlausbekämpfung angeboten. Die erwachsene Wespe ist etwa 2 mm groß, schlank und dunkel gefärbt. Sie parasitiert Blattläuse, indem sie mit Hilfe eines Legebohrers ein Ei direkt in die Blattlaus legt. Nach kurzer Zeit schlüpft hieraus im Inneren der Blattlaus eine Larve, die sich von ihrem Wirt ernährt. Dabei wird die Laus möglichst lange am Leben gehalten. Erst kurz vor der Verpuppung stirbt die Blattlaus ab. Sie wird zu einer sogenannten »Mumie«, d. h. sie schwillt an, verfärbt sich hellbraun und die Außenhaut verhärtet. An diesen Mumien ist eine Parasitierung leicht zu erkennen. Am Ende des Puppenstadiums schneidet die erwachsene Schlupfwespe ein Loch in die Blattlausmumie und verläßt ihren Wirt.

Aphidius-Schlupfwespen haben für Hobbygärtner in der Blattlausbekämpfung nur eine untergeordnete Bedeutung. Sie können nur dann sinnvoll eingesetzt werden, wenn vereinzelt einige Läuse auftreten. So kann z. B. in großen Wintergärten während der Hauptflugzeit der Blattläuse ein Einsatz erfolgen, um einem starken Läusebefall vorzubeugen. Für den Hobbygartenbauer erschwerend kommt hinzu, daß *Aphidius*-Schlupfwespen nicht alle Blattlausarten parasitieren, sondern nur auf die Grüne Pfirsichblattlaus *(Myzus persicae)* spezialisiert sind. Ihrer Anwendung sollte daher

Aphidius-Schlupfwespen werden in Flaschen verschickt. Die geöffneten Flaschen werden an einer trockenen Stelle auf den Boden bzw. auf die Fensterbank gestellt.

Parasitierte Blattläuse (Blattlausmumien).

147

Bei Blattlausspritzungen ist zu beachten:
- Gebrauchsanleitung gründlich lesen
- Schädlinge direkt treffen, Pflanzen tropfnaß spritzen
- insbesondere die Blattunterseiten behandeln
- Spritzung nach 2 bis 3 Tagen wiederholen, insbesondere bei starker Kolonienbildung
- keine Behandlung in praller Sonne

eine Beratung durch einen nützlingsvertreibenden Betrieb vorausgehen.

Bekämpfung mit biologischen Pflanzenschutzmitteln

Zur Blattlausbekämpfung mit biologischen Pflanzenschutzmitteln stehen dem Hobbygärtner Fettsäuren, Öl- und Naturpyrethrumpräparate zur Verfügung. Fettsäuren und Ölpräparate haben den Vorteil, daß sie weitgehend nützlingsschonend sind. Naturpyrethrummittel wirken jedoch nicht selektiv, so daß Nützlinge zumindest vorübergehend geschädigt werden. Bei blühenden Pflanzen haben jedoch Naturpyrethrummittel Vorteile, da sie Blüten gar nicht oder nur wenig schädigen. Ölhaltige oder fettsäurehaltige Mittel führen dagegen häufig zu mehr oder minder starken Verbräunungen bei voll aufgeblühten Blüten.

... damit es beim nächsten Mal nicht wieder zu einem Befall kommt

Blattläuse fliegen in den Sommermonaten von draußen durch geöffnete Fenster ein. Hier können beleimte Gelbtafeln oder Gelbsticker wertvolle Dienste leisten. Die gelbe Farbe lockt die zufliegenden geflügelten Blattläuse, aber auch viele andere Schädlinge an, so daß sie abgefangen werden können, bevor sie auf die Pflanzen gelangen.

Weiße Fliegen, Mottenschildläuse

Die »Weiße Fliege«, auch Mottenschildlaus genannt, ist ein sehr weit verbreiteter Schädling. Erwachsene Weiße Fliegen sind ca. 2 mm lang, geflügelt und mit einer weißen Wachsschicht bedeckt. Sie fliegen sofort auf, wenn eine befallene Pflanze berührt wird. Die winzigen, nur mit einer Lupe zu erkennenden Eier der Mottenschildläuse sind mit einem Stielchen an der Blattunterseite verankert. Ein Weibchen vermag bis zu 350 Eier abzulegen, durchschnittlich sind es etwa 200. Diese sind oft kreis- oder halbkreisförmig angeordnet, weil das Tierchen bei der Eiablage seine Saugtätigkeit nicht unterbricht, sondern seinen Hinterleib für jedes Ei ein wenig zur Seite rückt. Aus den Eiern schlüpfen 0,2 mm kleine, weißliche bis gelbgrüne Larven, Nymphen genannt, die sich in 4 Schritten zu einer erwachsenen Mottenschildlaus entwickeln. Im ersten Stadium sind die Tiere noch beweglich, in den weiteren Entwicklungsstadien sind sie festsitzend. Die unbeweglichen Nymphen werden fälschlicherweise oft für Eier gehalten.

Nymphen und ausgewachsene Weiße Fliegen.

Im vierten Stadium verpuppen sich die Nymphen und nehmen keine Nahrung mehr auf. Diese sogenannten »Puparien« können auch ohne Lupe erkannt werden. Sie sind dann gelb-grün, etwa 0,7 mm lang und gewölbt. Nach diesem 4. Stadium schlüpft die erwachsene Mottenschildlaus und hinterläßt eine hellgraue Haut unter den Blättern. Die Entwicklungsdauer der Weißen Fliege ist stark temperaturabhängig. Sie schwankt zwischen 11 Wochen bei einer Temperatur von 15 °C und 3 Wochen bei 30 °C. Bei Zimmertemperatur muß mit einer Entwicklungsdauer von 4 Wochen gerechnet werden, ebensolange lebt ein erwachsenes Tier.

Weiße Fliegen findet man immer an den Unterseiten der jüngsten Blättern einer Pflanze, wo sie ihre Eier ablegen. Sowohl Larven als auch Adulte schä-

digen die Pflanzen durch Entzug von zuckerhaltigem Pflanzensaft und durch die Ausscheidung von Honigtau, auf dem sich nach kurzer Zeit Rußtau- bzw. Schwärzepilze ansiedeln. Honigtauausscheidungen entstehen, weil die Mottenschildläuse, um ihren Eiweißbedarf zu decken, mehr Pflanzensaft aufnehmen als sie verdauen können. Den überschüssigen Zucker scheiden sie dann als klare, klebrige Flüssigkeit, dem sogenannten »Honigtau«, wieder aus. Wie die Blattläuse, sind auch Weiße Fliegen in der Lage, Viren zu übertragen. Bei einem Befall mit Mottenschildläusen ist also mit folgenden Schäden zu rechnen:

1. Durch die Saugtätigkeit wird die Pflanze geschwächt, und es entstehen Blattvergilbungen.
2. Auf dem ausgeschiedenen Honig-

Schwarzgefärbte, parasitierte Nymphen der Weißen Fliege.

Die Kartonkärtchen mit den Schlupfwespen werden einfach im unteren Bereich der Pflanzen aufgehängt.

tau siedeln sich Rußtaupilze an, die die Assimilationsleistung der Pflanze herabsetzen und die Pflanze verschmutzen.
3. Weiße Fliegen übertragen Viren von kranken auf gesunde Pflanzen.

Einsatz von Schlupf- oder Erzwespen
Zur biologischen Bekämpfung der Weißen Fliegen eignet sich ihr natürlicher Gegenspieler, die Schlupf- oder Erzwespe *Encarsia formosa*.

Weibliche *Encarsia*-Schlupfwespen sind weniger als ein Millimeter groß, haben einen dunkel gefärbten Kopf und Vorderleib und ein gelbes Hinterteil. Die männlichen Tiere sind ganz schwarz gefärbt, treten aber nur selten auf. Die *Encarsia* sind bei uns nicht heimisch und können hier nicht überwintern. Die weiblichen Wespen leben etwa zwei Wochen und legen in dieser Zeit insgesamt ca. 50 Eier jeweils einzeln in die Nymphen der Weißen Fliege. Die gesamte Entwicklung der Schlupfwespe, vom Ei bis zum erwachsenen Tier findet in der Nymphe einer Weißen Fliege statt. Damit die junge Schlupfwespenlarve ausreichend mit Nahrung versorgt ist, sucht das Schlupfwespenweibchen immer große Mottenschildlausnymphen, also solche im dritten oder vierten Stadium zur Eiablage, aus. Die Schlupfwespenlarven fressen die Mottenschildlausnymphen von innen heraus aus, bis nur noch die Außenhaut übrig bleibt. Während dessen färbt sich die parasitierte Nymphe der Weißen Fliege schwarz. Danach verpuppt sich die Schlupfwespenlarve, bohrt schließlich ein kreisrundes Loch in die trockene Haut ihres Wirtes und schlüpft aus der Haut ins Freie. Kurz darauf beginnt sie mit der Eiablage.

Praktische Anwendung von Schlupfwespen

Voraussetzungen
- Eine durchschnittliche Temperatur von 18 °C sollte erreicht werden, besser noch sind Temperaturen über 20 °C.
- In den Wintermonaten sind sie nicht oder nur mit Zusatzbelichtung einsetzbar.
- Klebrige Beläge von Honig- und Rußtau sollten grob abgewaschen werden.
- Eventuell vorhandene Ameisen müssen entfernt werden, da diese den Bekämpfungserfolg vermindern können.
- Schlupfwespen sollten eingesetzt werden, wenn vereinzelt Weiße Fliegen vorhanden sind (Anfangsbefall).

Freilassung
- Die Zusendung der Schlupfwespen erfolgt in Form parasitierter, d. h. schwarz gefärbter Larven/Puparien der Weißen Fliege, aufgeklebt auf Kartonkärtchen. Für eine 2 m hohe Pflanze werden je nach Befallsstärke und Standortbedingungen 20 bis 40 Schlupfwespen oder 10 Schlupfwespen pro m² bei niedrigen Pflanzen benötigt.
- Die Kartonkärtchen werden gleichmäßig im Bestand verteilt und im unteren Bereich der Pflanzen aufhängt.
- Nach 10 bis 14 Tagen empfiehlt sich eine zweite Freilassung.

Erfolgskontrolle
- Auf den ersten Blick verändern sich die schwarzen Punkte auf den Kärtchen nicht. Werden diese Punkte aber mit einer Lupe betrachtet, so ist der Schlupf der *Encarsia*-Schlupfwespen festzustellen: in den Puparien auf den Kärtchen befinden sich winzige, kreisrunde Löcher, aus denen die Wespen geschlüpft sind.
- Nach 10 bis 14 Tagen entdeckt man die ersten parasitierten, also schwarz gefärbten Puparien an den Unterseiten der befallenen Blätter. Nach 4 Wochen sollten 50% der Nymphen parasitiert sein, nach 6 bis 8 Wochen 80%.

Die Entwicklung vom Ei bis zum erwachsenen Tier dauert bei Zimmertemperatur ca. 3 Wochen. Adulte Schlupfwespen ernähren sich von Honigtau, saugen aber auch Mottenschildlausnymphen im ersten Stadium aus, um ihren Flüssigkeitsbedarf zu decken.

Der Bekämpfungserfolg der Weißen Fliege durch die *Encarsia*-Schlupfwespe ist vom Einsatzzeitpunkt und der Temperatur abhängig. Da Schlupfwespen nur relativ wenige Eier legen (etwa 50) müssen sie beim ersten Auftreten der Weißen Fliege ausgesetzt werden. Die Temperatur sollte mindestens 18 °C betragen, weil die *Encarsia* ihre relativ geringe Vermehrungsrate dann durch eine schnellere Entwicklung als die der Mottenschild-

Parasitierte (schwarzgefärbte) und nichtparasitierte Nymphen der Weißen Fliege. 4 Wochen nach dem Encarsia-Einsatz sollten 50% der Mottenschildlausnymphen parasitiert sein.

laus ausgleichen kann. Unterhalb von 18 °C. entwickelt sich die Mottenschildlaus schneller als die Schlupfwespe.

Bekämpfung mit biologischen Pflanzenschutzmitteln

Zur Spritzung gegen Weiße Fliegen hat sich das Fettsäurenpräparat Neudosan gut bewährt. Durch eine Neudosanbehandlung werden sowohl erwachsene Weiße Fliegen als auch die Nymphenstadien wirksam abgetötet. Da die Weißen Fliegen bei der Spritzung sofort versuchen wegzufliegen, empfiehlt es sich, die Behandlung in den frühen Morgenstunden durchzuführen. Die Tiere sitzen dann, bedingt durch die nächtliche Kälte, inaktiv auf

---

Bei Behandlungen gegen die Weiße Fliege ist zu beachten
- Gebrauchsanleitung gründlich lesen
- Schädlinge direkt treffen, Pflanzen tropfnaß spritzen
- Pflanzen frühmorgens behandeln
- insbesondere die Blattunterseiten gut benetzen
- Spritzung zweimal im Abstand von 5 bis 7 Tagen wiederholen, um aus Eiern nachschlüpfende Tiere zu erfassen.
- weiches Wasser, z. B. Regenwasser verwenden
- keine Behandlung in praller Sonne

---

den Blättern. Zimmerpflanzen sollten am besten am Abend vor der Spritzung auf den Balkon oder die Terrasse gestellt werden.

... damit es beim nächsten Mal nicht wieder zu einem Befall kommt

Weiße Fliegen kommen in den Sommermonaten von draußen durch geöffnete Fenster herein. Hier können beleimte Gelbtafeln oder Gelbsticker wertvolle Dienste leisten. Die gelbe Farbe lockt die zufliegenden Weißen Fliegen, aber auch viele andere Schädlinge an, so daß man sie abfangen kann, bevor sie auf die Pflanzen gelangen.

Spinnmilben

Die Spinnmilben gehören nicht zu den Insekten, sondern, wie der Name schon sagt, zu den Spinnentieren und damit systematisch betrachtet zu einer anderen Tierfamilie. Erwachsene Insekten haben 3 Paar Beine, erwachsene Spinnentiere haben 4 Beinpaare. Spinnmilben sind nur etwa 0,5 mm groß und von länglich-ovaler Gestalt. Unter einer Lupe erkennt man, daß sie in 2 Formen auftreten. In der Sommerform sind sie grünlich mit 2 charakteristischen, dunklen Flecken auf dem Rücken. Die Winterform, die auch unter ungünstigen Lebensbedingungen auftritt, ist rotgefärbt. Ihr verdanken sie den Namen »Rote Spinne«. Spinnmilben vermehren sich besonders schnell bei hohen Temperaturen in Verbindung mit trockener Luft. Aus diesem Grund finden sie im Winter bei trockener Heizungsluft im Blumenfenster und im Wintergarten ideale Lebensbedingungen. Ein Spinn-

milbenweibchen legt ungefähr 100 bis 200 Eier, die sich in 3 Jungtierstadien zu einer erwachsenen Spinnmilbe entwickeln. Die Entwicklungsdauer vom Ei bis zum erwachsenen Tier beträgt bei Zimmertemperatur etwa 10 bis 12 Tage. Wenn die Lebensbedingungen für die Spinnmilben schlechter werden, bilden sich aus dem letzten Jungtierstadium die auffällige orangerote Winter- oder Überdauerungsform, die die Nahrungsaufnahme einstellt. Diese findet man oft an überwinternden Kübelpflanzen. Sobald den Spinnmilben im Frühjahr mit dem neuen Austrieb der Pflanzen und den steigenden Temperaturen wieder bessere Bedingungen geboten werden, legen sie Eier, aus denen dann wieder die hellgrüne Sommerform mit den dunklen Flecken auf dem Rücken entsteht.

Die Spinnmilben leben an den Blattunterseiten. Sie saugen Pflanzensaft aus den Zellen der Blätter. Das Schadbild wird aber auch auf der Blattoberseite erkennbar: es entstehen zu-

Gespinste mit Spinnmilben.

Raubmilbe.

nächst kleine, gelbe Sprenkel, die sich mit zunehmendem Befall vergrößern und schließlich zusammenwachsen. Zum Schluß bedecken sie das ganze Blatt, so daß dieses abstirbt. Bei starkem Befall sieht man zudem feine Gespinste, mit denen die Spinnmilben ganze Blätter und Triebe einhüllen können. In diesen etwas klebrigen Gespinsten, mit deren Hilfe sich die Tiere von Pflanze zu Pflanze ausbreiten können, befindet sich, mit einer Lupe sichtbar, eine große Anzahl von Spinnmilben.

Einsatz von Raubmilben

Zur biologischen Bekämpfung der Spinnmilbe eignet sich ihr natürlicher Gegenspieler, die Raubmilbe *Phytoseiulus persimilis*.

Auch Raubmilben sind sehr klein und nur etwa 0,5 mm lang. Von den Spinnmilben unterscheiden sie sich durch ihre orangerote Färbung, durch ihre tropfenförmige Gestalt und durch ihre wesentlich größere Beweg-

lichkeit. Raubmilben ernähren sich ausschließlich von Spinnmilben, ihren Eiern und Larven. Sie saugen ihre Opfer aus, wobei sie täglich etwa 5 ausgewachsene Spinnmilben oder 20 Eier bzw. Jungtiere vertilgen. Raubmilben können nicht, wie die Spinnmilben, Dauerformen ausbilden. Wenn keine Nahrung, also keine Spinnmilben mehr vorhanden sind, sterben sie. Auch Temperaturen von weniger als 10 °C lassen die Raubmilben eingehen.

Raubmilbenweibchen legen nur etwa halb so viele Eier wie die weiblichen Spinnmilben. Einen Vorteil erlangt der Räuber gegenüber seinem Beutetier dadurch, daß die Entwicklungsdauer vom Ei zur erwachsenen Raubmilbe kürzer ist. Während die Spinnmilbe 10 bis 12 Tage für die Entwicklung benötigt, reicht bei den Raubmilben unter guten Bedingungen ein Zeitraum von 4 bis 5 Tagen. Die Entwicklungsschritte der Raubmilbe stimmen mit denen der Spinnmilbe überein. Aus dem Ei schlüpft eine 6beinige Larve, die sich über zwei 8beinige Nymphenstadien zum adulten Tier entwickelt. Im ersten Jungtierstadium sind die Raubmilben hellgrün gefärbt. Ihre charakteristische rotbraune Ausfärbung intensiviert sich mit jedem Entwicklungsschritt.

Im Gegensatz zu den Spinnmilben mögen die Raubmilben keine trockene Luft. Sie fühlen sich bei einer relativen Luftfeuchte von über 60 % und einer Temperatur von 21 °C am wohlsten. Insbesondere die Raubmilbeneier und die jungen Stadien benötigen die hohe Luftfeuchte. Wird während des Raubmilbeneinsatzes z. B. durch Besprühen der Pflanzen bei trockener Heizungsluft für optimale Bedingun-

Praktische Anwendung von Raubmilben

Voraussetzungen

• Eine durchschnittliche Temperatur von 18 °C sollte erreicht werden, besser sind noch höhere Temperaturen bis maximal 27 °C. Die relative Luftfeuchte sollte nicht unter 60% absinken.

• Raubmilben sollten eingesetzt werden, wenn die ersten Spinnmilben auftreten (Anfangsbefall).

• Bei sehr starkem Schädlingsbefall empfiehlt sich vor der Freilassung von Nutzorganismen eine Behandlung mit einem nützlingsschonenden Pflanzenschutzmittel.

Freilassung

• Die Zusendung der Raubmilben erfolgt auf Bohnenblättern. Für eine 2 m hohe Pflanze werden je nach Befallsstärke und Standortbedingungen 20 Raubmilben benötigt.

• Stellen Sie die befallenen Pflanzen möglichst dicht zusammen, damit die Raubmilben überwandern können.

• Die Bohnenblätter werden ganz oder vorsichtig zerschnitten auf den befallenen Pflanzen verteilt. Auch das Verpackungsmaterial sollte einige Zeit bei den Pflanzen liegen, da sich auch hieran noch Raubmilben befinden können.

Erfolgskontrolle

• In den Spinnmilbennestern müssen Raubmilben sichtbar sein (Lupe). Die befallenen Pflanzen beginnen nach 2 bis 3 Wochen wieder neu auszutreiben, der Neuaustrieb ist befallsfrei.

gen gesorgt, so steigt die Vermehrungsrate der Raubmilben, während die der Spinnmilben abnimmt. Der Bekämpfungserfolg kann so wirkungsvoll unterstützt werden. Ist die Luftfeuchtigkeit wesentlich geringer, kann der Bekämpfungserfolg auch durch erhöhte Nützlingsmengen bzw. häufiges Wiederholen der Freilassung verbessert werden.

Bekämpfung mit biologischen Pflanzenschutzmitteln

Zur Spritzung von stark spinnmilbenbefallenen Pflanzen eignen sich besonders ölhaltige Präparate. Diese können jedoch nur an hartlaubigen Pflanzen angewandt werden. Durch den Ölüberzug werden sowohl die erwachsenen Milben als auch die Milbeneier erfaßt. Versuche haben gezeigt, daß hier die rapsölhaltigen Mittel etwas pflanzenverträglicher sind als mineralölhaltige Präparate. Rapsölhaltige Mittel können auch bei manchen weichlaubigen Pflanzen angewendet werden. Die Erfahrung zeigt hier, daß die Verträglichkeit auch bei ein und derselben Pflanzenart je nach Pflegezustand sehr unterschiedlich

Raubmilben werden auf Bohnenblättern verschickt. Diese werden auf den befallenen Pflanzen verteilt.

Bei Behandlungen gegen Spinnmilben ist zu beachten:
- Gebrauchsanleitung gründlich lesen
- Schädlinge direkt treffen, Pflanzen tropfnaß spritzen
- insbesondere die Blattunterseiten gut benetzen
- Spritzung ein- bis zweimal im Abstand von 5 bis 7 Tagen wiederholen
- keine Behandlung in praller Sonne

sein kann. Aus diesem Grunde sollte bei größeren, wertvollen Pflanzen eine Probespritzung an einem einzelnen Zweig vorgenommen und dieser dann ca. 10 Tage lang beobachtet werden.

Möglich ist auch die Behandlung mit Fettsäurepräparaten, wobei hier die Spritzung wegen der schlechteren Wirkung auf die Eier mindestens zweimal wiederholt werden muß.

... damit es beim nächsten Mal nicht wieder zu einem Befall kommt

Spinnmilben werden bei sommerlich warmer Witterung oft mit warmen Luftströmungen durch Fenster in die Wohnung getragen. Einen direkten Schutz dagegen gibt es kaum. Einzig die regelmäßige Kontrolle der Pflanzen auf kleine gelbe Blattsprenkelungen kann eine Massenvermehrung verhindern. Insbesondere Pflanzen im Bereich der Öffnungsspalten von Fenstern sind gefährdet, da sich die Spinnmilben durch die Zugluft besonders gut vermehren können. Das gleiche gilt für Pflanzen im Türbereich z.B. von Wintergärten. Da Spinnmilben eine hohe Luftfeuchte nicht mögen, mindert das regelmäßige Einsprühen der Pflanzen die Gefahr einer Massenvermehrung.

Thripse

Von Thripsen, auch Blasenfüße oder
Fransenflügler genannt, gibt es mehrere pflanzenschädigende Arten. In
Wohnungen und Wintergärten handelt es sich in den meisten Fällen um
den »Gebänderten Gewächshausthrips« (*Parthenothrips dracaenae*),
der auf unseren Zimmerpflanzen, unter warmen, trockenen Bedingungen
auch an Zierpflanzen im Freiland, sein
Unwesen treibt. Weil er sich besonders häufig auf Dracaenen oder Palmen einfindet, heißt er auch Dracae-
nen- oder Palmenthrips. Bei diesen
Thripsen handelt es sich um 1 bis
2 mm lange, schlanke Insekten. Sie
haben einen braunschwarz gefärbten
Körper und hell/dunkel gestreifte Flügel, die in Ruhestellung über dem
Rücken gefaltet sind.

An Blütenpflanzen ist seit etwa 10
Jahren noch eine andere Thripsart
häufig zu finden: Der kalifornische
Blütenthrips (*Frankliniella occidenta-
lis*) hat einen gelblichen Kopf und einen braunen Hinterleib. Er verursacht
vor allem Schäden an Blüten und versteckt sich auch in diesen, so daß er
nur sehr schlecht zu sehen ist.

Thripsweibchen legen ihre Eier mit
Hilfe eines Legebohrers direkt in das
pflanzliche Gewebe. Die Entwicklung
erfolgt über 2 Larvenstadien und 2 bis
3 Nymphenstadien bis hin zum erwachsenen Tier. Das letzte Nymphen-
stadium verbringen Thripse oft in ver-
puppter Form ohne Nahrungsaufnahme im Boden.

Erwachsene Thripse findet man sowohl auf als auch unter den Blättern.
Die hellgelben, dünnhäutigen und ungeflügelten Jungtiere leben nur ge-

Gebänderter Gewächshausthrips.

schützt an den Blattunterseiten. Sowohl Adulte als auch Larven ernähren sich durch das Aussaugen von Pflanzenzellen. Auf den Blättern sind zunächst Flecken und Sprenkel mit einem für Thripsbefall typischen, silbrigen Glanz zu erkennen. Der Glanz entsteht dadurch, daß sich die ausgesaugten Zellen mit Luft füllen. Die befallenen Stellen vertrocknen mit der Zeit und werden braun. In der Nähe von Blattadern können sie aber auch warzenartig, rauh und grindig werden. Man spricht dann von »Korkflekken«. Durch einen starken Befall vergilben ganze Blätter und fallen ab. Thripse hinterlassen kleine, schwarze Kotkrümel, die sowohl an den Blattunterseiten als auch auf der Fensterbank zu finden sind. Weiterhin kommen Thripse auch als Virusüberträger in Frage.

Bekämpfung durch Nützlingseinsatz
Auch Thripse haben natürliche Feinde, die zu ihrer Bekämpfung eingesetzt werden können. Äußerst wirksam sind die Larven der Florfliege (*Chrysoperla carnea*). Diese sehr gefräßigen Tiere können fast überall eingesetzt werden, da ihre Ansprüche an Temperatur und Luftfeuchtigkeit nur gering sind. Florfliegenlarven werden auch bei der Blattlausbekämpfung eingesetzt. Eine ausführliche Beschreibung des Nützlings und seiner praktischen Anwendung finden sie daher auch unter dem Kapitel »Bekämpfung von Blattläusen« ab Seite 141 ff.

Zur Thripsbekämpfung werden oftmals auch *Amblyseius*-Raubmilben und Raubwanzen der Gattung *Orius* empfohlen. Auf diese Nutzorganismen soll an dieser Stelle nicht näher eingegangen werden, da sie im Hobbygartenbereich im Vergleich zum Einsatz von Florfliegenlarven schwieriger zu handhaben und auch nicht so wirkungsvoll sind. *Amblyseius*-Raubmilben benötigen z. B. eine hohe Luftfeuchtigkeit, die nur in Gewächshäusern erreichbar ist. Außerdem vertilgen sie nur Thripslarven und ernähren sich auch nicht von der an Zimmerpflanzen verbreitetsten Thripsart, dem gebänderten Gewächshausthrips. Mit der *Orius*-Raubwanze wurden wechselnde Erfahrungen gemacht. Ihre Bekämpfungserfolge sind noch nicht abschließend nachgewiesen, so daß noch keine Anwendungsempfehlung gegeben werden kann.

Bekämpfung mit biologischen Pflanzenschutzmitteln
Eine erfolgversprechende Thripsbekämpfung mit biologischen Spritzmitteln ist nur mit Pyrethrumpräparaten möglich. Die befallenen Pflanzen müssen mindestens dreimal im 5- bis 7tägigen Abständen gründlich gespritzt werden. Eine Wiederholung der Behandlung ist unbedingt notwendig, da die Eistadien der Thripse nicht von der Spritzbrühe erfaßt werden.

... damit es beim nächsten Mal nicht wieder zu einem Befall kommt
Auch Thripse kommen in den Sommermonaten von draußen durch geöffnete Fenster herein. Durch warme Luftströmungen werden die wegen ihrer fransigen Flügel nur schlecht flugfähigen Insekten oft kilometerweit transportiert. Beleimte Gelbtafeln oder Gelbsticker an den Zimmerpflanzen können dann wertvolle Dienste leisten. Die gelbe Farbe lockt die zufliegenden Thripse, aber auch viele

andere Schädlinge an, so daß sie abgefangen werden können, bevor sie auf die Pflanzen gelangen. Die von manchen Autoren empfohlenen Blautafeln eignen sich lediglich zum Abfangen bestimmter Thripsarten, die im Gewächshäusern häufig vorkommen. Die in Wintergärten und Wohnräumen anzutreffenden Thripse sind jedoch wesentlich besser mit Gelbtafeln bzw. Gelbstickern abzufangen.

Thripse treten immer dann besonders stark auf, wenn die Luftfeuchtigkeit in den Räumen relativ gering ist, wie z.B. in der winterlichen Heizperiode. Ein Anheben der Luftfeuchtigkeit, z.B. durch Besprühen der Pflanzen, kann die Vermehrung der Thripse vemindern.

Woll- und Schmierläuse

Woll- und Schmierläuse sind häufig anzutreffende Schädlinge, sowohl in Innenräumen als auch im Freiland. Weit verbreitet ist die Zitruswolllaus (*Planococcus citri*), die einen großen Wirtspflanzenkreis besiedelt. Erwachsene Wollläuse sind 2 bis 5 mm lang und von elliptischer Form. Der deutlich segmentierte weiche Körper ist mit weißen Wachsschuppen und bei Zitruswolläusen am Rande mit kurzen, gleichlangen, borstig erscheinenden Wachsfilamenten bedeckt. Sind die Wachselemente am Hinterende der Schmierlaus deutlich länger, d.h. halb so lang oder länger als der ganze Körper, handelt es sich um eine andere Wollausart. Dies kann Konsequenzen in der Bekämpfung mit Nützlingen haben, da einige der natürlichen Feinde der Wollläuse sehr wirtsspezifisch sind. Jede Wollausart hat,

Verschiedene Wollausarten, oben: Zitruswollaus mit gleichlangen Wachsfilamenten, unten: Pseudococcus longispinus mit deutlich längeren Wachsfilamenten am Hinterende.

neben dem Australischen Marienkäfer, der alle Wollausarten vertilgt, ihre eigenen Gegenspieler. Darum ist in der biologischen Bekämpfung dieser Schädlinge meistens eine (kostenlose) Spezialberatung eines Nützlingsbetriebes notwendig.

Woll- oder Schmierläuse besitzen 3 Beinpaare. Während das weibliche Tier flügellos ist, ist das sehr kleine und kurzlebige Männchen flugfähig.

Das Weibchen legt etwa 300 bis 500 gelblich erscheinende Eier in wollige Wachsausscheidungen, die sich vorwiegend in den Blattachseln oder unter den Blättern befinden. Hieraus schlüpfen nach etwa 10 Tagen die Larven, die sich über 3 bis 5 Stadien zu adulten Wolläusen entwickeln. Außer dem ersten Jugendstadium sind alle Stadien mit den typischen weißen Wachsausscheidungen bedeckt. Im Gegensatz zu ihren nahen Verwandten, den Schildläusen, sind bei Schmierläusen alle Entwicklungsstadien, auch die erwachsenen Tiere, beweglich.

Ähnlich wie die Blattläuse und die Weißen Fliegen, schädigen sowohl Larven als auch Adulte die Pflanzen durch Entzug von zuckerhaltigem Pflanzensaft und durch die Ausscheidung von Honigtau. Honigtauausscheidungen entstehen, weil die Wollläuse, um ihren Eiweißbedarf zu decken, mehr Pflanzensaft aufnehmen, als sie verdauen können. Den überschüssigen Zucker scheiden sie dann als klare, klebrige Flüssigkeit wieder aus. Auch das Schadbild der Schmierläuse ähnelt dem der Blattläuse und der Weißen Fliege. Es entstehen Blattvergilbungen, Wachstumshemmungen und Verkrüppelungen an den Trieben. Außerdem siedeln sich schwarze Rußtaupilze auf dem Honigtau an.

Bekämpfung durch Nützlingseinsatz

Gerade in der Bekämpfung von Wollläusen mit Nutzorganismen hat eine entscheidende Weiterentwicklung stattgefunden. Seit kurzer Zeit steht eine beachtliche Anzahl von Nützlingen zur Verfügung. Neben dem schon länger einsetzbaren Australischen Marienkäfer (*Cryptolaemus monstrouzieri*) sind jetzt auch verschiedene Schlupfwespenarten auf dem Markt,

Tagestemperaturen betragen für einige Stunden mehr als 20 °C					
	Frühjahr	Sommer	Herbst	Winter	Bemerkung
Wollaus-Kolonien	Australischer Marienkäfer	Australischer Marienkäfer	Australischer Marienkäfer	Australischer Marienkäfer	Kombination von Käfer und Schlupfwespen ist oft sinnvoll, da die Käfer große Mengen vertilgen und die Schlupfwespen die übrigen einzelnen Wolläuse parasitieren
Einzelne Wolläuse	Leptomastix- und Leptomastidea-Schlupfwespe	Leptomastix- und Leptomastidea-Schlupfwespe	Leptomastidea-Schlupfwespe	kein Schlupfwespeneinsatz möglich	

Tagestemperaturen betragen weniger als 20 °C					
	Frühjahr	Sommer	Herbst	Winter	Bemerkung
Wollaus-Kolonien u. einzelne Tiere	Florfliegenlarven				mehrfache Ausbringung nötig

Australischer Marienkäfer an Wolläusen.

die eine gute Wirksamkeit gegen Woll- und Schmierläuse zeigen. Neben diesen speziellen Wollausgegnern können auch Florfliegenlarven, die ein sehr breites Beutespektrum besitzen und hauptsächlich in der biologischen Blattlaus- und Thripsbekämpfung eingesetzt werden, gegen Wolläuse freigelassen werden. Der Florfliegeneinsatz ist vor allem dann sinnvoll, wenn die für die Schlupfwespen erforderliche Tageslänge und die hohen Temperaturanforderungen des Australischen Marienkäfers in den Wintermonaten nicht mehr erreicht werden. Sie wirken am besten gegen junge Wollläuse.

Aus der Tabelle ist zu entnehmen, unter welchen Bedingungen die verschiedenen Wollausgegenspieler am besten einsetzbar sind.

Einsatz des Australischen Marienkäfers

Wie der Name schon sagt, ist der Australische Marienkäfer ursprünglich in Australien beheimatet. Schon seit langer Zeit ist er aber auch in vielen anderen Gebieten, in denen Zitrusarten angebaut werden, in freier Natur heimisch geworden. Bei uns kann er im Freiland jedoch nicht überleben. So besteht keine Gefahr, daß die heimische Insektenfauna durcheinander gerät.

Der Australische Marienkäfer ist ca. 4 mm lang und hat eine ähnliche Gestalt wie der allseits bekannte heimische 7-Punkt-Marienkäfer. Er hat schwarz-braune Flügeldecken und Brust, Kopf und Körper sind orangebraun gefärbt. Das Weibchen legt bis zu 400 Eier direkt in die wolligen

Australische Marienkäferlarve.

Australische Marienkäfer werden direkt aus der Papierwolle auf die befallenen Pflanzen geschüttelt.

Wachsausscheidungen der Wolläuse, in die diese ebenfalls ihre Eier abgelegt haben. Bei Zimmertemperatur schlüpfen die Larven nach gut einer Woche. Sie entwickeln sich über 4 Larvenstadien und 1 Puppenstadium bis zum erwachsenen Käfer, der dann erneut Eier legt. Die Larven des Australischen Marienkäfers sind ähnlich wie die Wolläuse mit Wachsausscheidungen behaftet und werden daher von Laien oftmals mit den Wolläusen selber verwechselt. Aufgrund ihrer Größe von bis zu 13 mm und ihrer besseren Beweglichkeit können die

Käferlarven aber von den Schädlingen unterschieden werden.

Zur Sicherheit kann eine Klopfprobe gemacht werde: Ein Blatt Papier wird unter die befallene Pflanze gehalten. Dann wird an einem mit Wolläusen oder Marienkäfern besetztem Trieb gerüttelt. Während sich die Käferlarven sofort fallen lassen, verbleiben die Schmierläuse auf der Pflanze.

Sowohl die Larven als auch die erwachsenen *Cryptolaemus*-Käfer ernähren sich von Woll- und Schmierläusen. Im Laufe seiner Entwicklung kann einer dieser Käfer bis zu 250 Wolläuse vertilgen. Deshalb können die *Cryptolaemus*-Käfer auch bei einem schon fortgeschrittenen Woll- und Schmierlausbefall eingesetzt werden. Die erwachsenen Australischen Marienkäfer sollten möglichst am Abend, wenn es schon dunkel wird, ausgesetzt werden. Sie streben sehr stark dem Licht zu und würden, gerade wenn sie während des Versandes 2 Tage in einer dunklen Schachtel verbracht haben, bei Helligkeit sofort zum Fenster fliegen. Setzt man sie dagegen bei Dunkelheit direkt in die Wollausnester, bleiben sie an ihrer Nahrungsquelle sitzen und beginnen

---

Praktische Anwendung von Australischen Marienkäfern:

Voraussetzungen
- Eine durchschnittliche Temperatur von 20 °C sollte erreicht werden, besser sind noch höhere Temperaturen.
- Ist die relative Luftfeuchtigkeit niedriger als 60% sollten die Pflanzen öfter besprüht werden, da die Käfer Wasser zum Trinken benötigen.
- Eventuell vorhandene Ameisen müssen entfernt werden, da diese den Bekämpfungserfolg vermindern können.
- *Cryptolaemus*-Käfer können auch bei höherer Schädlingsdichte eingesetzt werden.

Freilassung
- Die Zusendung der Australischen Marienkäfer erfolgt in Papierwolle. Für eine 2 m hohe Pflanze werden je nach Befallsstärke und Standortbedingungen ca. 10 bis 15 Käfer benötigt, bei niedrigen Pflanzen 2 bis 5 Käfer pro m^2.
- Die Käfer werden bei einsetzender Dunkelheit direkt auf die befallenen Pflanzen geschüttelt. Die Papierwolle mit den Käfern wird in die Pflanzen gelegt. Das Verpackungsmaterial sollte einige Zeit bei den Pflanzen liegen, da sich auch darin noch einige Käfer befinden können.

Erfolgskontrolle
- Nach etwa 7 bis 10 Tagen sollte bereits ein Teil der Wollauskolonien ausgefressen sein. Dabei muß man genau hinsehen, denn die Wolläuse sind zwar verschwunden, aber die Wachswolle ist noch vorhanden.
- Ebenfalls nach 7 bis 10 Tagen sollten die ersten Larven des Australischen Marienkäfers zu finden sein.

sofort mit dem Vertilgen der Woll- und Schmierläuse.

Cryptolaemus-Käfer sind in der Bekämpfung großer Wollauskolonien sehr effektiv. Allerdings passiert es hin und wieder, daß sie vereinzelte Schmierläuse übersehen. Sofern es sich bei dem Befall um die am weitesten verbreitete Zitruswollaus handelt, ist es sehr wirkungsvoll, nach der Käferfreilassung noch einige Wollausschlupfwespen (siehe unten) freizulassen, die ein sehr gutes Suchverhalten zeigen und auch vereinzelte Schädlinge aufspüren. Wollausschlupfwespen sind allerdings nur von Frühjahr bis Herbst einsetzbar.

Australische Marienkäfer haben einen sehr hohen Temperaturanspruch. Bei Temperaturen unter 20 °C ist ihr Einsatz nicht möglich. Schon ab 15 °C verfallen sie in eine Kältestarre. Unter kühleren Bedingungen ist es daher besser, auf den Einsatz von Florfliegenlarven, die ein sehr breites Beutespektrum besitzen und auch Wolläuse vertilgen, zurückzugreifen. Florfliegen können schon ab einer Temperatur von 14 °C erfolgreich eingesetzt werden. Näheres zur Biologie und zum

Einsatz von Florfliegenlarven ist unter der Bekämpfung von Blattläusen ab Seite 141 ff. nachzulesen.

Einsatz von Schlupfwespen

Schlupfwespen sind die zweite Möglichkeit in der Woll- und Schmierlausbekämpfung mit Nützlingen. Die aufgeführten Arten sind aber nur gegen die Zitrusschmierlaus, die verbreitetste Art auf Pflanzen in Innenräumen, wirksam. Die erwachsenen Zitrusschmierläuse sind weißlich-rosa gefärbt mit einem dunklen Längsstreifen auf dem Rücken. Der Körperrand ist mit gleichlangen, borstig erscheinenden Wachsfilamenten ausgestattet. Im Unterschied dazu besitzen andere Arten am Hinterleib zwei deutlich längere Wachsfilamente. Der Einsatz von Schlupfwespen gegen Woll- und Schmierläuse ist zwar sehr wirksam, aber auch nicht billig. Er lohnt sich meistens nur an größeren und teureren Pflanzen. Darum sollte der kostenlose Bestimmungsservice der nützlingsvertreibenden Firmen in Anspruch genommen werden, um die Wollausart mit Sicherheit bestimmen zu können.

Die erwachsenen Tiere der Schlupfwespen beider Arten sind gelbschwarz gefärbt und machen kurze, hüpfende Flüge. Sie ernähren sich vom Honigtau der Wolläuse. Die weiblichen Wespen legen ihre Eier direkt in die jungen oder adulten Tiere der Zitrusschmierlaus. Die Entwicklung der Schlupfwespe vom Ei bis zum erwachsenen Tier findet in ihrem Wirt statt, der dadurch stirbt. Die parasitierte Zitruswollaus wandelt sich während dieser Zeit in eine tönnchenförmige, beinlose Mumie mit verhärteter

Schlupfwespe (Leptomastix) an Zitruswollaus.

Außenhaut um. Zum Schluß wird die Mumie von der fertig entwickelten Schlupfwespe zum Schluß aufgetrennt wird, damit sie ausschlüpfen kann. *Leptomastix* und *Leptomastidea* unterscheiden sich im wesentlichen durch ihre Größe. Während die erwachsene *Leptomastix* bis zu 3 mm groß wird, kann *Leptomastidea* nur eine Größe von 2 mm erreichen. Entsprechende Unterschiede machen sie Arten auch bei der Parasitierung: während die größere von beiden auch größere Wirtstiere, nämlich ausgewachsene Wolläuse und Jungtiere im 3. Entwicklungsstadium belegt, findet man die kleinere Schlupfwespenart in den ersten Jungtierstadien. Beiden gemeinsam wiederum ist, daß sie ein ausgeprägtes Suchverhalten zeigen. Es gelingt ihnen, auch vereinzelte Wolläuse aufzufinden und ihre Eier in diesen abzulegen. Beide Schlupfwespenarten sind jedoch nicht ganzjährig aktiv. *Leptomastix*-Schlupfwespen können im Frühjahr und im Sommer eingesetzt werden, *Leptomastidea*-Schlupfwespen parasitieren die Wolläuse vom Frühjahr bis zum Herbst. In den Wintermonaten sind beide Schlupfwespenarten aufgrund der geringen Temperatur nicht aktiv. Daher

Praktische Anwendung von Schlupfwespen

Voraussetzungen
- Eine durchschnittliche Temperatur von 20 °C sollte erreicht werden, besser sind noch höhere Temperaturen.
- Die relative Luftfeuchtigkeit sollte mindestens 50 % betragen.
- Klebrige Beläge von Honig- und Rußtau sollten grob abgewaschen werden.
- Eventuell vorhandene Ameisen müssen entfernt werden, da diese den Bekämpfungserfolg vermindern können.
- Schlupfwespen sollten eingesetzt werden, wenn vereinzelt Woll- und Schmierläuse vorhanden sind (Anfangsbefall).
- Bei sehr starkem Schädlingsbefall empfiehlt sich vor der Freilasssung von Schlupfwespen eine Behandlung mit einem nützlingsschonenden Pflanzenschutzmittel oder den Einsatz von Australischen Marienkäfern.

Freilassung
- Die Zusendung der Schmierlaus-Schlupfwespen erfolgt in kleinen Gläschen, in denen sich erwachsene Tiere befinden. Bei mittlerem Befal werden für eine 2 m hohe Pflanze 10 Schlupfwespen oder bei niedrigen Pflanzen 1 bis 2 Schlupfwespen pro m^2 benötigt.
- Die Schlupfwespen sollten aus den Gläschen herausgeklopft werden und zwar möglichst direkt in die Wollauskolonien.

Erfolgskontrolle
- Die nachwachsenden Triebe sind befallsfrei.
- Parasitierte Läuse verhärten und verfärben sich goldbraun.

Bei Behandlungen gegen Wolläuse ist zu beachten:
- Gebrauchsanleitung gründlich lesen
- Schädlinge direkt treffen, Pflanzen tropfnaß spritzen
- insbesondere die Blattunterseiten gut benetzen
- Spritzung im Abstand von 14 Tagen wiederholen, um aus Eiern nachschlüpfende Tiere zu erfassen.
- keine Behandlung in praller Sonne. Pflanzen auch einige Tage nach der Spritzung nicht der prallen Sonne aussetzen

ist es sinnvoll, die biologische Wolllausbekämpfung mit Hilfe von Schlupfwespen im Frühjahr zu beginnen. In den Wintermonaten sollte bei hohen Temperaturen besser auf den Australischen Marienkäfer bzw. bei niedrigen Temperaturen auf Florfliegenlarven (*Chrysoperla carnea*) zurückgegriffen werden (siehe auch Seite 141 ff.).

Bei einem starken Befall mit Zitruswolläusen ist ein sehr guter Bekämpfungserfolg zu erreichen, wenn zuerst der Australische Marienkäfer eingesetzt wird, der große Mengen von Wolläusen vertilgt. Danach sollten noch einige Schlupfwespen ausgesetzt werden, die diejenigen Schädlinge parasitieren, die der *Cryptolaemus*-Käfer übersehen hat.

Bekämpfung mit biologischen Pflanzenschutzmitteln

Wolläuse können durch die Applikation mit Ölpräparaten im allgemeinen gut bekämpft werden. Zu beachten ist hierbei, daß Ölpräparate zwar von hartlaubigen Pflanzen gut vertragen werden, weichblättrige Gewächse jedoch mit Verbrennungen oder gar mit Blattfall reagieren können. Versuche haben gezeigt, daß hier die rapsölhaltigen Mittel etwas pflanzenverträglicher sind als mineralölhaltige Präparate. Rapsölhaltige Mittel können auch bei manchen weichlaubigen

Pflanzen angewendet werden. Die Erfahrung zeigt hier, daß die Verträglichkeit auch bei ein und derselben Pflanzenart je nach Pflegezustand sehr unterschiedlich sein kann. Aus diesem Grunde sollte bei größeren, wertvollen Pflanzen eine Probespritzung an einem einzelnen Zweig vorgenommen und dieser ca. 10 Tage lang beobachtet werden. Praxiserfahrungen zeigen ferner, daß auch die wiederholte Spritzung mit Fettsäurepräparaten gute Erfolge bringt. Diese müssen dreimal im 1- bis 2tägigen Abstand angewendet werden.

Schildläuse

Da sie nur schwer zu bekämpfen sind, gehören Schildläuse zu den hartnäckigsten Schädlingen. Sie treten sowohl im Blumenfenster und Wintergarten als auch im Freiland an Kübelpflanzen auf. Bevorzugt sitzen sie an Zweigen, Trieben, Blättern und Blattstielen hartlaubiger, immergrüner Pflanzen, an denen sie als weiße, gelbliche oder braune Schildchen zu erkennen sind. Bis auf das erste Larvenstadium sind die Tiere unbeweglich.

Schildläuse werden in zwei große Familien, die Napfschildläuse und die Deckelschildläuse, eingeteilt. In den Familien gibt es wiederum mehrere

Napfschildläuse.

Deckelschildläuse.

Unterscheidung der Napf- und Deckelschildläuse (nach Fa. Neudorff)	
Napfschildläuse	**Deckelschildläuse**
• haben auf dem Rücken ein Schild, welches fest mit dem Körper der Laus verbunden ist. Schild und Körper lassen sich nur zusammen vom Blatt abheben. (Lupe zur Hand nehmen!)	• haben einen Deckel, der nicht mit dem darunterliegendem Tier verbunden ist. Beim Abheben des Deckels verbleibt die oft gelbliche, ovalrunde Laus selber auf dem Blatt. (Lupe zur Hand nehmen!)
• ältere Stadien haben oft eine gewölbte, fast kugelige Körperform.	• haben meist eine flache Körperform.
• sind Pflanzensaftsauger (Phloem-), daher kann teilweise starke Honigtaubildung beobachtet werden.	• sind Zellsaftsauger (Parenchym-), daher tritt kein Honigtau auf.
	• bei einigen Arten treten Männchen auf. Diese sind länglich und haben meist weiße Flügel.

Chilocorus-Käfer fressen Deckelschildläuse.

Arten, die sich auf Zimmer- und Kübelpflanzen ansiedeln.

Die häufiger auftretenden, halbkugelförmigen Napfschildläuse sind ähnlich wie die Blattläuse, Weiße Fliegen und Schmierläuse an dem süßen Pflanzensaft interessiert. Um ihren Eiweißbedarf zu decken, müssen sie mehr Pflanzensaft aufsaugen, als sie verdauen können. Wie alle Pflanzensaftsauger (Phloemsauger) scheiden sie den überschüssigen Zukker dann als klare, klebrige Flüssigkeit, den sogenannten »Honigtau«, wieder aus. Befallene Pflanzen reagieren mit Wachstumshemmungen, Deformierungen, Blatt- und Blütenfall. Auf dem Honigtau siedeln sich schwarze Rußtaupilze an, die die Blätter stark verschmutzen und den Zierwert der Pflanze dadurch vermindern.

Deckelschildläuse sind unscheinbarer und wesentlich kleiner und heller als Napfschildläuse. Sie scheiden keinen Honigtau aus, da sie nicht von dem süßen Pflanzensaft leben, sondern nur einzelne Zellen oder Zellverbände aussaugen.

In der Regel legen die weiblichen Vertreter beider Familien Eier, die unter dem Schild untergebracht werden. Je nach Art kann ein Weibchen bis zu 2000 Eier ablegen. Die ausschlüpfenden Larven sind zunächst beweglich. Sie wandern auf der befallenen Pflanze umher. Sie können jedoch auch auf Nachbarpflanzen gelangen und suchen sich eine geeignete Stelle, an der sie sich festsaugen. In der weiteren Entwicklung verlieren sie nach mehreren Häutungen Extremitäten bzw. reduzieren diese, bis auf den Saugrüssel. Dann bilden sie die bei Napfschildläusen festsitzenden und Deckelschildläusen abhebbaren

Schilde aus. Die Unterscheidungsmerkmale von Napf- und Deckelschildläusen sind in der Tabelle noch einmal zusammengefaßt

Bekämpfung durch Nützlingseinsatz

In der Bekämpfung von Schild- und Schmierläusen mit Nutzorganismen hat eine entscheidende Weiterentwicklung stattgefunden. Seit kurzer Zeit steht eine beachtliche Anzahl von Nützlingen zur Schildlausbekämpfung zur Verfügung. Die verschiedenen Arten sind notwendig, weil sie meist sehr stark auf bestimmte Schildlausarten spezialisiert sind.

Gegen Deckelschildläuse können eine Schlupfwespenart und verschiedenen Käferarten eingesetzt werden. Gegen Napfschildläuse stehen vier verschiedene Schlupfwespenarten zur Verfügung. Allen Schildlausgegnern gemeinsam ist, daß ihr Einsatz nur
• bei Temperaturen ab 20 °C und
• bei einer Tageslänge von mindestens 10 bis 11 Stunden
zu einem ausreichenden Bekämpfungserfolg führt. Es ist also ratsam, mit der Schildlausbekämpfung mit Hilfe von Nutzorganismen im Frühjahr, etwa ab März, zu beginnen. Tritt im Winter ein starker Befall auf, ist es vorteilhafter, einstweilen biologische Spritzmittel einzusetzen, bis die Tage für einen Nützlingseinsatz lang genug sind.

Der Einsatz von Nützlingen gegen Schildläuse ist zwar sehr wirksam, aber auch nicht ganz billig. Er lohnt sich meistens nur an größeren und teureren Pflanzen. Die verschiedenen Nützlingsarten sind auf verschiedene Schildausarten spezialisiert, so daß die biologische Bekämpfung vom Anwender spezielle Kenntnisse erfordert. Zu-

Schlupfwespe (Microterys) gegen Napfschildläuse.

nächst müssen die beiden Schildlausfamilien, die Napfschildläuse und die Deckelschildläuse unterschieden werden. Innerhalb der Familie der Napfschildläuse müssen dann auch noch die verschiedenen Arten bestimmt werden. Es ist daher erforderlich, Experten zu Rat zu ziehen. Nützlingsvertreibende Firmen wie z. B. die Firma Neudorff (Adresse im Anhang) bieten einen kostenlosen Bestimmungsservice an, erstellen einen Einsatzplan für den Nützlingseinsatz und liefern die entsprechenden Nutzorganismen.

Bekämpfung mit biologischen Pflanzenschutzmitteln
Schildläuse können auch durch die Applikation von Ölpräparaten bekämpft werden. Zu beachten ist hierbei, daß Ölpräparate zwar von hartlaubigen Pflanzen gut vertragen werden, weichblättrige Gewächse jedoch mit Verbrennungen oder gar mit Blattfall reagieren können. Versuche haben gezeigt, daß hier die rapsölhaltigen Mittel etwas pflanzenverträglicher sind. Diese können auch bei manchen weichlaubigen Pflanzen angewendet werden. Die Erfahrung zeigt hier, daß die Verträglichkeit auch bei ein und derselben Pflanzenart je nach Pflegezustand sehr unterschiedlich sein kann. Aus diesem Grunde sollte bei größeren, wertvollen Pflanzen eine Probespritzung an einem einzelnen Zweig vorgenommen werden und dieser ca. 10 Tage lang beobachtet werden. Da durch die Spritzung der Ölpräparate die unter den alten, halbkugeligen Schilden sitzenden Jungläuse nicht erfaßt werden, muß die

---

Bei Behandlungen gegen Schildläuse ist zu beachten:
- Gebrauchsanleitung gründlich lesen
- Schädlinge direkt treffen, Pflanzen tropfnaß spritzen
- insbesondere die Blattunterseiten gut benetzen
- Spritzung im Abstand von 14 Tagen wiederholen.
- keine Behandlung in praller Sonne. Pflanzen auch einige Tage nach der Spritzung nicht der prallen Sonne aussetzen

---

Behandlung unbedingt nach 14 Tagen wiederholt werden. Nach dieser Zeit haben die jungen Schildläuse den Mutterschild im allgemeinen verlassen und sind so besser bekämpfbar.

Sonstige Maßnahmen
Vielfach wird empfohlen, Schildläuse z. B. mit Hilfe von Wattestäbchen oder ähnlichen zu entfernen. Diese bei großen Pflanzen äußerst zeitraubende Prozedur ist als alleinige Bekämpfungsmaßnahme meist nur kurzzeitig von Erfolg gekrönt, da die jungen, mobilen Schildlausstadien nicht miterfaßt werden. Das mechanische Entfernen der alten Schildläuse kann jedoch die Wirksamkeit einer anschließenden Ölspritzung durchaus erhöhen.

Trauermücken

Trauermücken, auch Moos- oder Humusfliegen genannt, sind kleine, schwarze Insekten, die beim Gießen über dem Blumentopf auffliegen. Oft werden sie mit Fruchtfliegen (*Drosophila melanogasta*) verwechselt. Während die Trauermücken aber von Kopf bis Fuß schwarz sind, kann man die Fruchtfliegen an ihrem characteristisch braunem Kopf erkennen. Fruchtfliegen finden sich meist im Sommer und Herbst ein und halten sich in der Nähe von Obstvorräten auf. Trauermücken befinden sich hingegen auf oder in der Nähe von Blumentöpfen.

Erwachsene Trauermücken werden als lästig empfunden, können den Pflanzen aber keinen Schaden zufügen, wohl aber ihre etwa 5 mm langen, glasig-weißen Larven mit glänzend schwarzem Kopf. Diese eigentlich nützlichen Tiere leben bevorzugt in feuchter und humusreicher Erde, in der sie organische Stoffe aufschließen. Gelegentlich vergreifen sie sich aber auch an feinen Wurzeln und Wurzelhaaren, was zwar ausgewachsenen Zimmerpflanzen nur selten zu schaffen macht, für Sämlinge, Stecklinge und Jungpflanzen aber tödlich sein kann. Die von den Trauermückenlarven verursachten Wurzelverletzungen bilden außerdem ideale Eintrittspforten für Pilze und Bakterien.

Erwachsene Trauermücken haben nur eine Lebenserwartung von höchstens einer Woche. In dieser Zeit legen sie aber bis zu 160 Eier in Ketten, Ballen oder einzeln direkt in das humusreiche Substrat. Aus diesen entwickeln sich dann über mehrere Larvenstadien in ungefähr 3 Wochen die adulten Tiere.

Einsatz von Nematoden
Nematoden sind winzige, fadenförmige Würmer von ca. 0,5 bis 1 mm Länge. Sie sind nur entfernt mit pflan-

Trauermückenlarven fressen an feinen Wurzeln und Wurzelhaaren.

Erwachsene Trauermücke.

Von Steinernema-Nematoden parasitierte Trauermückenlarven sind cremeweiß gefärbt.

Das Nematoden-Konzentrat wird zunächst in etwa 1 l Wasser angerührt, anschließend wird die benötigte Flüssigkeitsmenge aufgefüllt und mit der Gießkanne ausgebracht.

Praktische Anwendung von parasitären Nematoden:

Voraussetzungen
- Die Bodentemperatur sollte mindestens 12 °C betragen und 30 °C nicht überschreiten.
- Nach einer Behandlung des Bodens mit Insektiziden dürfen die Nematoden nicht angewendet werden.
- Nematoden nicht in praller Sonne ausbringen, da sie sehr UV-empfindlich sind.

Freilassung
- Zunächst wird ein Nematoden-Konzentrat hergestellt. Dafür werden die Nematoden mit ihrem Trägermaterial in einem sauberen Gefäß in etwa 1 l Wasser angerührt.
- Das Konzentrat wird mit soviel Wasser aufgefüllt, wie zur gründlichen Benetzung der befallenen Bodenfläche bzw. Pflanzen benötigt wird.
- Während der Ausbringung mit einer Gießkanne muß die Suspension öfters umgerührt werden, damit sich die Nematoden nicht absetzen.
- Das Substrat der behandelten Pflanzen sollte mindestens 4 Wochen lang nicht austrocknen.
- Wird die Nematoden-Suspension über die Blätter gegossen, muß unbedingt sofort danach mit klarem Wasser nachgespült werden, um die auf Blättern befindlichen Nematoden noch in das Substrat einzuspülen.

Erfolgskontrolle
- Bereits nach wenigen Tagen erfolgt eine deutliche Reduzierung des Befalls. Auf und im Substrat befinden sich Trauermückenlarven, die an ihrer cremig-weißen Färbung zu erkennen sind. Die Menge der aufschwirrenden kleinen schwarzen Fliegen ist ebenfalls nach 7 bis 10 Tagen deutlich vermindert.

---

zenschädigenden Nematoden verwandt. *Steinernema feltiae* lebt im Boden und parasitiert dort ausschließlich Insekten und ihre Larven, so auch die Larven der Trauermücken. Die parasitären Nematoden werden in verschiedenen Trägermaterialien, von Neudorff z. B. in einem Tonmehl, angeboten. Nach Herstelleranweisung werden sie in Wasser aufgerührt und mit dem Gießwasser ausgebracht. Nur das 3. Larvenstadium, die Dauerlarve, die monatelang ohne Nahrung auskommen kann, ist in der Lage, die Trauermückenlarven zu befallen. Die Dauerlarven dringen durch Körperöffnungen oder durch die Haut in ihren Wirt ein und sondern ein bakterienhaltiges Gift ab, das die Trauermückenlarven innerhalb von 1 bis 2 Tagen abtötet. Die Nematoden entwickeln und vermehren sich in dem toten Wirt weiter, bis wieder ein Dauerlarvenstadium vorhanden ist, das den Wirt verläßt und im Substrat nach neuen Trauermückenlarven Ausschau hält.

Gefurchte Dickmaulrüßler sind nur in der Dämmerung aktiv.

Parasitierte Trauermückenlarven sind an ihrer weißen bis cremegelben Färbung zu erkennen. Sie liegen oft oben auf der Blumenerde.

... damit es beim nächsten Mal nicht wieder zu einem Befall kommt
Die als lästig empfundenen ausgewachsenen Trauermücken lassen sich sehr wirkungsvoll mit beleimten Gelbfallen abfangen. Dazu werden am besten Gelbsticker verwendet, die direkt am Topfrand in die Erde gesteckt werden. Zur Eiablage benötigen die Trauermückenweibchen ein humoses Substrat. Aussaaten sollten darum immer mit einer dünnen Schicht Sand abgedeckt werden, die die Tiere an der Ablage ihrer Eier hindert.

Gefurchter Dickmaulrüßler

In Balkonkästen und an Kübelpflanzen kann der Dickmaulrüßler großen Schaden anrichten. Aber auch an Pflanzen in Innenräumen kann er zum Problem werden. Der Dickmaulrüßler ist ein etwa 1 cm langer, grauschwarzer, flügelloser Käfer mit körnig gefurchtem Panzer und rüsselartig verlängertem Kopf. Tagsüber hält er sich am Boden verborgen und klettert erst bei Einbruch der Dunkelheit an den Pflanzen empor. Dort verursacht er die typischen buchtenförmigen Fraßschäden an den Blättern. Manchmal nagt er auch an Knospen oder an der Rinde von Gehölzen, wodurch ganze Triebe eintrocknen können. Besonders gerne vergreift er sich an Rhododen-

Dickmaulrüßlerlarven: links parasitiert, rechts nicht parasitiert.

dren, Azaleen, Hortensien, Eiben und anderen Gehölzen, aber auch Begonien, Alpenveilchen, Efeu, Fuchsien, Rosen u. a. bleiben nicht verschont. Schlimmer noch als die Käfer, setzen die Larven des Dickmaulrüßlers den Pflanzen zu. Diese werden 8 bis 12 mm lang, sind weißlich gefärbt mit einer braunen Kopfkapsel und bauchwärts gekrümmt. Die im Boden lebenden Larven fressen an den Wurzeln der Pflanzen, so daß diese in ihrem Wachstum gehemmt sind und schließlich welken. Bei starkem Befall sterben die Pflanzen ab. Dickmaulrüßlerkäfer können zwar nicht fliegen, dafür sind sie aber in der Lage zu Fuß große Strecken zurückzulegen. Sie können z. B. über mehrere Stockwerke an Wänden hochklettern und so an die begehrten Balkonpflanzen gelangen.

Die erwachsenen Käfer können gut 2 Jahre alt werden. Sie überwintern als Larve oder als erwachsenes Tier.

Einsatz von Nematoden
Mit den parasitären Nematoden wird das Larven- und das Puppenstadium der Dickmaulrüßler bekämpft. Die Lebensweise der *Heterorhabditis*-Nematoden gegen Dickmaulrüßlerlarven ist vergleichbar mit der der *Steinernema*-Nematoden gegen Trauermückenlarven. Wie diese befallen sie ausschließlich Insektenlarven. Die winzig kleinen Fadenwürmer werden im Dauerlarvenstadium ausgebracht, in dem sie in der Lage sind, verschiedene Insekten und ihre Larven anzugreifen. Durch Körperöffnungen oder durch die Haut dringen sie in ihren Wirt ein, geben ein giftiges, bakterienhaltiges Sekret

Praktische Anwendung von Nematoden gegen Dickmaulrüßler:

Voraussetzungen
- Die Bodentemperatur sollte mindestens 12 °C betragen und 30 °C nicht überschreiten.
- Nach einer Behandlung des Bodens mit Insektiziden dürfen die Nematoden nicht angewendet werden.
- Es müssen Larven im Boden vorhanden sein. Dies ist draußen meist im April/Mai und August/September der Fall. In geschlossenen Räumen kann sich der Zyklus jedoch verschieben, so daß man bei Verdacht auf Befall den Topfballen kontrollieren sollte.

Freilassung
- Zunächst wird ein Nematoden-Konzentrat hergestellt. Dafür werden die Nematoden mit ihrem Trägermaterial in einem sauberen Gefäß in etwa 1 bis 2 l Wasser angerührt.
- Das Konzentrat wird mit soviel Wasser aufgefüllt, wie zur gründlichen Benetzung aller befallenen Pflanzen benötigt wird.
- Während der Ausbringung muß die Suspension ab und zu umgerührt werden, damit sich die Nematoden nicht absetzen.
- Die Topfballen der behandelten Pflanzen sollten mindestens 4 Wochen lang nicht austrocknen.
- Wird die Nematoden-Suspension über die Blätter gegossen, muß unbedingt sofort danach mit klarem Wasser nachgespült werden, um die auf Blättern befindlichen Nematoden noch in das Substrat einzuspülen.

Erfolgskontrolle
- Die abgetöteten Dickmaulrüßlerlarven verfärben sich rötlich-braun. Da sie sich im Substrat und im Boden sehr schnell zersetzen, sind sie nach kurzer Zeit schon nicht mehr auffindbar.

ab, durch das die Dickmaulrüßlerlarve abstirbt. Die Nematoden entwickeln sich in ihrem Wirt, bis wiederum Dauerlarven entstanden sind, die die tote Dickmaulrüßlerlarve verlassen, um sich ein neues Opfer zu suchen. Äußerlich ist eine Parasitierung daran zu erkennen, daß die Dickmaulrüßlerlarven sich dunkel verfärben.

Die Bekämpfung sollte mindestens 2 Jahre in Folge wiederholt werden, da die erwachsenen Käfer, die ja von den Nematoden nicht abgetötet werden können, etwa 2 Jahre alt werden können.

Sonstige Maßnahmen
Zimmerpflanzen werden ausgetopft und weitestgehend von alter Erde befreit, wobei die Larven und Käfer abgesammelt werden können. Von Kübelpflanzen sollten die Käfer ebenfalls abgesammelt werden. Dafür ist es notwendig, sich in der Dämmerung

mit einer Taschenlampe auf die Suche zu machen. Achtung: sobald die Käfer vom Lichtschein getroffen werden, lassen sie sich fallen.

Falls die Nachtwanderungen vermieden werden sollen, kann man versuchen, den Käfern geeignete Tagverstecke anzubieten, aus denen sie dann entfernt werden können. Dazu wird dem Käfer seine Lieblingsspeise angeboten, nämlich Eibenzweige, in einem umgestülpten Blumentopf. Damit die lichtscheuen Käfer auch einen Zugang zu dem Topf finden, sollte der Topfrand auf einen flachen Stein oder ein Hölzchen gesetzt werden.

Weitere, seltener auftretende Schädlinge und ihre Bekämpfung

Ameisen

Nicht selten tauchen im Blumenfenster, in Wintergärten und auf Balkonen Ameisen auf. Ameisen gehören zu den staatenbildenden Insekten. In einem Ameisennest leben die Königin, viele ungeflügelte und meist sterile Arbeiterinnen und zu bestimmten Zeiten die geflügelten männlichen Tiere zusammen. Die Königin selbst verläßt das Nest nicht. Sie widmet sich ausschließlich der Eiproduktion. Die Aufzucht und Pflege der Brut sowie die Nahrungssuche werden von den Arbeiterinnen übernommen.

Ameisennester bleiben anfangs meist unbemerkt, erst im zweiten oder dritten Jahr ist das Volk so groß, daß es zu einer Belästigung werden kann. Ameisen benötigen zum größten Teil kohlenhydrathaltige Nahrung und können sich daher u. a. von dem Honigtau ernähren, den die pflanzensaftsaugenden Insekten ausscheiden. Um an möglichst viel Honigtau heranzukommen, haben Ameisen die Angewohnheit, z. B. Blattläuse oder Wolläuse zu »melken«. D. h. sie drücken und kneten an diesen herum, um sie zum Saugen von noch mehr Pflanzensaft anzuregen. Damit können Ameisen den Schaden, den Blattläuse u. a. Pflanzensaftsauger anrichten, noch erheblich verstärken. Ameisen sind außerdem in der Lage, Blattläuse an eine andere Stelle zu transportieren, und somit den Schädling auch auf weitere Pflanzen zu übertragen. Eine Ameisenbekämpfung ist immer unbedingte Voraussetzung, wenn Blattläuse, Schildläuse oder Wolläuse mit Hilfe von Nutzorganismen beseitigt werden sollen. Ameisen sind darauf erpicht, die Schadinsekten zu einer möglichst hohen Produktion von Honigtau anzuregen. Im Gegenzug übernehmen sie dafür die Verteidigung der Honigtauproduzenten gegenüber deren natürlichen Feinden. So kann man z. B. beobachten, wie die Ameisen einen Marienkäfer von einem blattlausbesetzten Blatt regelrecht herunterstoßen. Daneben werden Ameisen im Wohnbereich natürlich auch dann als lästig empfunden, wenn sie ihren Kohlenhydratbedarf an unseren Lebensmitteln decken.

Bekämpfung: Bei der Bekämpfung von Ameisen muß bedacht werden, daß die sich auf Nahrungssuche befindlichen Arbeiterinnen nur einen kleinen Teil des Ameisenvolkes repräsentieren. Der größere Teil lebt verborgen im Nest und versorgt die Brut und die Königin. Tötet man also nur die außerhalb auftretenden Tiere direkt ab, was mit einem naturpyrethrumhaltigen Mittel möglich ist, wären nach kurzer Zeit neue Arbeiterinnen herangewachsen, und es würden erneut massenhaft Tiere auftreten. Besser ist es also, ein Köderverfahren anzuwenden, das auch die Königin und ihre Brut erfaßt, so daß keine Nachkommen mehr produziert werden. Bei diesem Verfahren werden Ameisenfallen, z. B. Loxiran-Ameisen-Buffet von Neudorff, mit einer Flüssigkeit befüllt, die neben Lock- und Fraßstoffen auch den Wirkstoff Borax enthält. Die tödliche Wirkung dieses Stoffes tritt erst nach einigen Tagen ein, so daß die Arbeiterinnen erst eine genügende Menge der Lösung in das Nest hineintragen und Königin und die Brut damit füttern können, bevor sie selbst absterben.

Springschwänze

Springschwänze, auch Collembolen genannt, sind 1 bis 3 mm große, weiße Insekten, die mit einer Sprunggabel am Hinterleib ausgerüstet sind. Sie werden meistens beim Gießen entdeckt, wenn sie plötzlich auf der Topferde hin und her hüpfen. Überall dort, wo organische Substanz und genügend Feuchtigkeit im Boden vorhanden sind, sind auch Collembolen zufinden. Es sind nützliche Bodentierchen, die organische Stoffe aufschließen, die den Pflanzen nach weiterem Abbau als Nährstoffe zur Verfügung stehen. Gelegentlich können sie sich unter Staunässebedingungen so stark vermehren, daß sie aus Nahrungsmangel neben abgestorbenem Pflanzenmaterial auch die feinen Faserwurzeln anfressen.

Bekämpfung: Bei geringem Befall genügt es meistens schon, die Pflanzen ein wenig trockener zu halten, wodurch die Springschwänze dann auch langsam wieder zurückgehen. Sind sehr viele Collembolen im Topf, kann dieser ein paar Stunden unter Wasser getaucht werden, wobei die Springschwänze aus ihren Verstecken im Boden an die Oberfläche geschwemmmt werden. Von dort können sie zusammen mit dem überschüssigen Wasser abgegossen werden. Danach sollten die Pflanzen trockener gehalten werden. Läßt sich diese Wasserkur nicht durchführen, kann der Topfballen auch mit einem Fettsäurepräparat besprüht werden, wodurch die Tiere abgetötet werden. Auch nach dieser Behandlung hält man die betroffenen Pflanzen etwas trockener.

Wurzelläuse

Zu den Wurzelläusen gehören einige Arten von Blattläusen und Schmierläusen, die an den Wurzeln oder dem Wurzelhals leben. Oftmals sind die Tiere mit weißen, watteartigen Wachsausscheidungen bedeckt oder tragen fädige Wachsfortsätze. Sie leben vorzugsweise in trockener, warmer und humusreicher Erde. Die befallenen Pflanzen zeigen Kümmerwuchs und Vergilben. In besonders schweren Fällen welken sie und sterben letztendlich ab.

Bekämpfung: Wenn möglich sollte die Bekämpfung der Wurzelläuse mit dem Umtopfen der befallenen Pflanze beginnen, wobei schon möglichst viele Schädlinge herausgeschüttelt und abgestreift werden sollten. Kommt es dabei zu einer Beschädigung des Wurzelballens, ist es sinnvoll, auch die oberirdischen Pflanzenteile etwas zurückzuschneiden. Um die restlichen Schädlinge zu eliminieren, sollte ein Naturpyrethrumpräparat im Gießver-

Weichhautmilbenbefall an Alpenveilchen, die jungen Blätter sind verkümmert und eingerollt.

fahren ausgebracht werden, wobei der Wurzelballen mit der Spritzmittellösung gut durchtränkt werden muß. Da die Eistadien mit diesem Präparat nicht erfaßt werden, sollte die Behandlung im Abstand von 7 bis 10 Tagen ein- bis zweimal wiederholt werden.

Weichhautmilben
Weichhautmilben sind nahe Verwandte der Spinnmilben, fühlen sich aber im Gegensatz zu diesen bei hoher Luftfeuchtigkeit am wohlsten. Unter feuchten und warmen Bedingungen können sie sich massenhaft vermehren. Selbst mit einer Lupe bereitet es große Schwierigkeiten, die nur etwa 0,3 mm großen, weißlich durchscheinenden, 8beinigen Milben zu er-

kennen. Am häufigsten befinden sie sich an Triebspitzen und Knospen, denn sie besaugen vorzugsweise junges, wachsendes Pflanzengewebe. Befallene Blätter sind verkrümmt, verkümmert oder eingerollt, besonders an Vegetationspunkten. Knospen und Blüten vertrocknen oder sind ebenfalls deformiert. An den besaugten Stellen können auch Verkorkungen entstehen.

Bekämpfung: Weichhautmilben sind sehr empfindlich gegen Trockenheit. Bei Verdacht auf Befall muß das Besprühen der Pflanzen eingestellt und dafür gesorgt werden, daß die Pflanzen luftig und nicht zu dicht stehen. Stark befallene Pflanzen werden am besten vernichtet, weniger stark befallene sind oftmals noch durch einen starken Rückschnitt zu retten.

Nematoden

Neben den insektenpathogenen Nematoden, die teilweise wie oben beschrieben zur Bekämpfung von Trauermückenlarven und Dickmaulrüßlerlarven eingesetzt werden, gibt es auch Arten, die pflanzenschädigend sind. Wie ihre nützlichen Verwandten haben auch sie ein fadenförmiges Aussehen, sind meistens nur bis zu einem Millimeter lang und werden wegen ihrer aalartigen, schlängelnden Fortbewegungsmethode auch »Älchen« genannt. Nematoden bilden sogenannte Dauerstadien aus, in denen sie ungünstige Bedingungen wie Trockenheit oder Nahrungsmangel monatelang, oftmals auch jahrelang überleben können.

Oberirdische Pflanzenteile können von Blattälchen oder Stengelälchen besiedelt werden, an den unterirdischen Pflanzenorganen befinden sich hin und wieder zysten- oder gallenbildende sowie freilebende Wurzelnematoden. Die Ausbreitung von Nematoden ist immer an Feuchtigkeit gebunden. So können die **Blattälchen** (*Aphelenchoides*-Arten) an feuchten Pflanzenteilen emporschwimmen und sich in die Blätter einbohren. Bei Befall entstehen glasige, braune oder gelbe, später auch schwarze Blattflecken, die durch die Blattadern scharf begrenzt sind. **Stengelälchen** (*Ditylenchus*-Arten) leben vor allem in jungen Trieben, deren Stengel und Blätter verkrüppeln oder fleckig werden. Ein Befall mit **Wurzelgallenälchen** (*Meloidogyne*-Arten) verursacht Wurzelverdickungen (Gallen), die durch giftige Speichelausscheidungen der eingedrunge-

nen Nematoden entstehen. Je nach Erreger können die Gallen eine Größe von wenigen Millimetern bis zu einigen Zentimetern erreichen. **Zystenbildende Wurzelnematoden** (*Heterodera*- und *Globodera*-Arten) hinterlassen an den Pflanzenwurzeln stecknadelkopfgroße, weißliche oder gelbliche »Zysten«, die später abfallen und frei im Boden liegen. Schließlich treten an Zierpflanzen noch sogenannte **freilebende Wurzelnematoden** (vorwiegend *Pratylenchus*-Arten) auf, die die Wurzelrinde zerstören, so daß die Wurzeln Verbräunungen zeigen können.

Alle Wurzelälchenarten verursachen an oberirdischen Pflanzenteilen Kümmerwuchs und mit zunehmendem Befall Welkeerscheinungen. Durch die an den Wurzeln entstandenen Verletzungen kommt es in der Folge oft zu einem Befall mit Wurzelpilzen oder Bakterien.

Bekämpfung: Bei leichtem Blattälchen-Befall ist es möglich, die Pflanze zu retten, indem befallene Blätter entfernt und die oberirdischen Pflanzenteile möglichst trocken gehalten werden. Starker Befall ist nicht heilbar. Die Pflanze ist zu vernichten, aber wegen der möglichen Dauerstadien nicht auf den Kompost, sondern in den Mülleimer werfen. Auch mit Wurzelnematoden befallene Pflanzen können nur vernichtet werden.

Asseln

Asseln gehören zu den Krebstieren. Es sind abgeplattete, schildartige und gleichmäßig gegliederte Tiere, die ca. 1 bis 2 cm lang werden. Sie sind lichtscheu und unbedingt auf Feuchtigkeit angewiesen, so daß sie erst nach Einbruch der Dunkelheit aus ihren Ver-

Biologie und Bekämpfung

stecken hervorkommen. Tagsüber halten sie sich oft an feuchten Stellen unter Steinen, Hölzern und Ähnlichem auf, wo sie vor dem Austrocknen geschützt sind. Im Blumenfenster und im Wintergarten sind Asseln nur in Ausnahmefällen anzutreffen, auf dem Balkon und im Freiland begegnet man ihnen öfter. Eigentlich sind es sehr nützliche Tiere, deren Nahrung vorwiegend aus verwesenden organischen Stoffen besteht. Gelegentlich vergreifen sie sich aber auch an jungen Pflanzenteilen, an denen sie einen ähnlichen Fraßschaden wie die Schnecken hinterlassen, wobei die für diese typischen Schleimspuren fehlen. Die Blätter werden lochartig befressen, während die Blattadern stehenbleiben.

Bekämpfung: Werden den Asseln geeignete Tagverstecke angeboten, wie z. B. feuchte Lappen oder auch Apfelsinenschalen, sammeln sie sich nach einiger Zeit darunter, so daß sie entfernt werden können.

Minierfliegen

Minierfliegen sind 2 bis 3 mm kleine, dunkelgefärbte Insekten, deren Larven im Inneren von Blättern leben. Die Weibchen senken mit ihrem Legebohrer Eier auf die Blattoberfläche ein. Die daraus schlüpfenden beinlosen, 2 bis 3 mm langen Larven fressen kurvige Gangminen in die Blätter. Eine der bei uns beheimateten Minierfliegenart hat sich auf Pflanzen aus der Familie der Korbblütler, insbesondere auf Chrysanthemen und Margeriten spezialisiert.

Bekämpfung: Auch Minierfliegen können biologisch mit Nützlingen bekämpft werden. Im Erwerbsgartenbau werden *Dacnusa*- oder *Diglyphus*-Schlupfwespen eingesetzt. Im Hobbygartenbau lohnt sich der Einsatz nur bei wertvolleren Pflanzen. In diesem Fall sollte am besten eine Beratungsstelle eines Nützlingsbetriebes befragt werden. Weiterhin können beleimte Gelbtafeln eingesetzt werden, auf denen die erwachsenen Fliegen kleben bleiben. Der Schaden kann reduziert werden, indem man befallene Blätter abpflückt und vernichtet, oder die von außen sichtbaren Larven in den Miniergängen zerdrückt.

Schnecken

Schnecken, meistens sind es die kleinen, unscheinbaren Nacktschnecken, die sich manchmal an Balkon- und Kübelpflanzen befinden, sind sehr stark auf Feuchtigkeit angewiesen. An Zimmerpflanzen findet man sie bzw. ihre Fraßschäden wenn überhaupt nur dann, wenn die Pflanze eine gewisse Zeit im Freien gestanden hat. An Balkon- und Kübelpflanzen hinterlassen sie ab und zu ihre typischen Spuren. Schnecken sind nachtaktiv und finden ihre Nahrung mit Hilfe ihres scharfen Geruchssinnes. Sie bevorzugen vor allem junges Pflanzengewebe, das sie mit ihrer raspelartigen Zunge im Lochfraß befressen. Innerhalb kürzester Zeit können sie einen enormen Schaden anrichten. Das Werk der Schnecken wird stets von den charackteristischen Schleimspuren, die sie auf den befressenen Pflanzenteilen hinterlassen, begleitet.

Bekämpfung: Schnecken werden am besten durch Absammeln bekämpft. Tagsüber halten sie sich an feuchten Stellen versteckt. Will man sie auf frischer Tat ertappen, sollten die Pflanzen am besten spätabends oder in den frühen Morgenstunden abgesucht werden.

Schmetterlingsraupen
Angelockt durch das Licht verirren sich manchmal Nachtfalter oder andere Kleinschmetterlinge in Wintergärten oder Blumenfenster und legen wahllos an den dort vorhandenen Pflanzen ihre Eier ab. Natürlich werden auch Balkon- und Kübelpflanzen hin und wieder von Schmetterlingen aufgesucht. Aus den Eiern schlüpfen die zunächst winzigen Raupen, die an den Blättern einen sogenannten Fensterfraß verursachen, wobei die obere oder untere Außenhaut des Blattes stehen bleibt und pergamentartig eintrocknet. Mit zunehmendem Alter und Größe gehen die Raupen dann zu einem Lochfraß über, der dem Schadbild, das Schnecken verursachen sehr ähnlich ist. Es fehlen jedoch die charakteristischen Schleimspuren. Unverkennbar bei einem Schmetterlingsraupenbefall sind die schwarz-grünen Kotkrümel, die auf der Fensterbank oder dem Fußboden sofort auffallen. Schmetterlingsraupen haben immer einen deutlich erkennbaren Kopf, 3 Paar Brustbeine und 4 bis 5 Paar Bauchbeine. Zwischen Brust- und Bauchbeinen sind 2 freie Körpersegmente erkennbar.

Bekämpfung: Schmetterlingsraupen treten an Zierpflanzen fast immer nur vereinzelt auf. Sie befinden sich direkt auf oder unter den zerfressenen Blättern und können leicht abgesammelt werden. Bei einem starken Befall kann auch mit einem *Bacillus thuringiensis*-Präparat wie z. B. Neudorffs Raupenspritzmittel gespritzt werden, das ganz speziell gegen freifressende

Schmetterlingsraupen wirksam ist (Wirkungsweise siehe Seite 130).
Bacillus thuringiensis-Präparate wirken nicht gegen Raupen von Eulenfaltern. Eulenraupen sind nachtaktiv. Sie verstecken sich tagsüber in der obersten Erdschicht, in der sie sich spiralig einrollen. Nachts kommen sie aus ihren Verstecken, um zu fressen. Man kann sie bekämpfen, indem man nach Einbruch der Dunkelheit die befallenen Pflanzen schüttelt und die Raupen absammelt oder, bei einem starkem Befall, am Abend mit einem Naturpyrethrumpräparat spritzt.

Zikaden
Zikaden verursachen ein ähnliches Schadbild wie die Spinnmilben. Die Blätter werden fahl und feingesprenkelt, vergilben schließlich und sterben ab. Blattunterseits befinden sich 2 bis 3 mm lange gelblich-grüne oder mehr braun gefärbte saugende Insekten, die mit Sprungbeinen ausgerüstet sind. Bei Störungen springen oder fliegen die Adulten davon. Die flugunfähigen Larven besitzen nur Flügelstummel. Im Zierpflanzenbau sind es vor allen Dingen Freilandrosen, auch die in Kübel gehaltenen, die von Zikaden befallen werden.

Gelegentlich tauchen auch an anderen Pflanzen im Freien speichelartige Schaumhäufchen mit einer Larve in den Blattachsel auf. Dabei handelt es sich um die Larven der Schaumzikaden.

Bekämpfung: Die Schäden der Schaumzikaden sind eher unbedeutend und müssen nicht bekämpft werden.
Rosenzikaden dagegen treten oft massenhaft auf und können mit Fett-

säurepräparaten oder Naturpyrethrumpräparaten wirksam bekämpft werden. Die Spritzung sollte in den frühen Morgenstunden erfolgen, wenn die Tiere noch kältestarr sind.

Blattwanzen

Blattwanzen sind 5 bis 10 mm lange, platte Insekten, die je nach Art grüngelb, bräunlich oder auch recht bunt gefärbt sind. Ausgewachsene Tiere können fliegen, die Larven sind flügellos. Bei Wärme und Sonnenschein sind Wanzen sehr beweglich und lebhaft, sie fliegen schon bei der kleinsten Störung davon oder lassen sich einfach fallen. An kühleren Tagen oder in den frühen Morgenstunden sind sie noch starr und weniger beweglich, so daß sie hin und wieder an den Pflanzen beobachtet werden können.

Wanzen treten eigentlich nur im Freiland auf und schädigen hauptsächlich Knospen und junge Triebe durch ihre Saugtätigkeit und durch ihren giftigen Speichel. Das Schadbild, verkrüppelte und durchlöcherte Blüten und Blätter, wird fatalerweise erst dann sichtbar, wenn sich Blüten und Blätter entfalten und die Schädlinge die Pflanze schon längst verlassen haben.

Bekämpfung: Gefährdete Pflanzen wie z.B. Fuchsien Engelstrompeten und Hibiskus sollten gut beobachtet werden. Bei Befall können beleimte Gelbtafeln unter die Pflanzen gehalten und diese in den frühen Morgenstunden abklopft werden. Eine weitere Möglichkeit ist das mehrfache Spritzen oder Stäuben mit Naturpyrethrumpräparaten.

Verzeichnisse

Literatur

Auswertungs und Informationsdienst (AID)
für Ernährung, Landwirtschaft und Forsten:
Biologische Schädlingsbekämpfung
Heft Nr 1030

Fortmann, Manfred
Das große Kosmosbuch der Nützlinge
Franckh-Kosmos Verlags-GmbH
Stuttgart, 1993

Heitz, Halina:
Balkon- und Kübelpflanzen
Gräfe und Unzer GmbH
München, 1991

Heitz, Halina:
Zimmerpflanzen
Gräfe und Unzer GmbH
München, 1990

Heuer, Sigrid:
Zimmerpflanzen
Franckh-Kosmos Verlags-GmbH
Stuttgart, 1991

Margraf, Klaus
Ratgeber Zimmerpflanzen
Kranke Pflanzen gesund pflegen
Gräfe und Unzer Verlag GmbH
München, 1995

Ministerium für Ländlichen Raum, Ernährung,
Landwirtschaft und Forsten
Integrierte Schädlingsbekämpfung an
Pflanzen in Innenräumenn
Stuttgart, 1996

W. Neudorff GmbH KG, Emmerthal:
Topfpflanzenfibel

Recht, Christine
Pflanzen-Ratgeber
Kübelpflanzen
Gräfe und Unzer Verlag GmbH
München, 1988

Stelzer, Gottfried:
Gesunde Zimmerpflanzen
Falken-Verlag
Niedernhausen/Ts, 1987

Wolff, Jürgen (HRSG):
Kursbuch Zimmerpflanzen
Franckh-Kosmos Verlags-GmbH
Stuttgart, 1996

Auskunftsstellen für Fragen zum Pflanzenschutz

Baden-Württemberg

Landesanstalt für Pflanzenschutz
Reinsburgstr. 107
70197 Stuttgart
Tel. 0711/617974

Regierungspräsidium Stuttgart
Pflanzenschutzdienst
Ruppmannstr. 21
70565 Stuttgart
Tel. 0711/904-0

Bayern

Bayrische Landesanstalt für
Bodenkulturen und Pflanzenschutz
Vöttingerstr. 38
85354 Freising
Tel: 08161/71-0

Berlin

Pflanzenschutzamt Berlin
Mohringer Allee 137
12347 Berlin
Tel. 030/70006-0

Brandenburg

Landesamt für Ernährung und Land-
wirtschaft
Pflanzenschutzamt
Postfach 379
15203 Frankfurt/Oder
Tel. 0335/5463242

Bremen

Pflanzenschutzamt Bremen
Hanseatenhof 5
28195 Bremen
Tel. 0421/3612575

Hamburg

Institut für angewandte Botanik der
Universität Hamburg
Abt. Pflanzenschutz
Marseiller Str. 7
20355 Hamburg
Tel. 040/412359

Hessen

Hessisches Landesamt für Regional-
entwicklung und Landwirtschaft
Pflanzenschutzdienst
Friedrich W. v. Steuben-Str. 2
60456 Frankfurt
Tel. 069/794001-0

Mecklenburg-Vorpommern

Landespflanzenschutzamt Mecklen-
burg-Vorpommern
Graf Lippe Str.
18059 Rostock
Tel.0381/22664

Niedersachsen

Landwirtschaftkammer Hannover
Pflanzenschutzamt
Wunsdorfer Landstr. 9
30453 Hannover
Tel. 0511/40 05-0

Landwirtschaftskammer Weser-Ems
Institut für Pflanzenbau und Pflanzen-
schutz
Sedanstr. 4
26121 Oldenburg
Tel.0441/801-0

Nordrhein-Westfalen

Pflanzenschutzamt der Landwirtschaftkammer Rheinland
Siebengebirgsstr. 200
53229 Bonn
Tel. 0228/434-0

Institut für Pflanzenschutz, Saatgut-
untersuchung und Bienenkunde der
Landwirtschaftskammer Westfalen-
Lippe
Nevinghoff 40
48147 Münster
Tel. 0251/2376-0

Rheinland-Pfalz

Landesanstalt für Pflanzenschutz
Essenheimer Str. 144
55128 Mainz
Tel. 06131/993070

Saarland

Landwirtschaftkammer Saarland
Pflanzenschutzamt
Lessingstr. 12
66121 Saarbrücken
Tel. 0681/66505-0

Sachsen

Sächs. Landesanstalt für Landwirt-
schaft
Institut für Integrierten Pflanzenschutz
Stübelallee 2
01307 Dresden
Tel.0351/2361014

Sachsen-Anhalt

Landespflanzenschutzamt Sachsen-
Anhalt
Zum Waldsee 1
39114 Magdeburg
Tel. 0391/57393

Schleswig-Holstein

Pflanzenschutzamt des Landes Schleswig-Holstein
Westring 383
2418 Kiel
Tel.0431/8801302

Thüringen

Thüring. Landesanstalt für Landwirtschaft
Sachgebiet Pflanzenschutz

Apoldaer Str. 4
07778 Dornburg
Tel. 036427/22340

Nützlingsanbieter

W. Neudorff GmbH KG
Abt. Nutzorganismen
Postfach 1209
31857 Emmerthal
Tel: 05151/62460
Fax: 05155/62457

Sautter & Stepper GmbH
Rosenstraße 19
72119 Ammerbuch
Tel: 07032/75501
Fax: 07032/74199

PK-Nützlingszuchten
Industriestraße 38
73642 Welzheim
Tel: 07182/4326
Fax: 07182/3962

Öre Bio-Protect GmbH
Kieler Straße 41
24223 Raidorf
Tel: 04307/6981
Fax: 04307/7128

Gartenbau Flora
Hangelsberg e.G.
Frau B. Schäfer
Wulkower Weg 1
15518 Hangelsberg
Tel 033632/217

STB Control
Schwenk Technologie und
Biologischer Pflanzenschutz
Schaltenbach 1
65326 Aarberg 3
Tel: 06120/900870
Fax: 06120/900871

Bildquellen

P. Baumjohann, Hameln: Titelbilder (3), Abb. Seite 16, 18, 23, 76, 81 (3), 82 (4), 83 (3), 84 oben und unten, 85 (2), 86 (4), 87 (3), 90 (4), 91 oben, 92 (4), 93 (4), 94 oben, 95 oben und Mitte, 96 oben und Mitte, 97, 99 (2), 100 (2), 101 (3), 102, 103, 104, 105 (2), 106 oben und Mitte unten, 108 (3), 109 oben und Mitte oben, 117 oben, 131, 133, 135, 136, 137, 139 unten, 141, 142, 144 (2), 146, 147, 150, 157, 159 (2), 161, 162, 164, 167 (2), 168, 172 oben, 173, 175, 176.

B. Böhmer, Bonn: Abb. Seite 13, 36 (2), 84 Mitte oben, 89 Mitte unten, 94 Mitte unten, 113, 116 oben, 117 unten, 119, 120 oben, 122, 149, 152, 180.

Fotostudio Fehn, Schwabenheim: Abb. Seite 6, 9, 26, 37, 39, 41, 45, 48, 58, 63, 65, 75.

M. Geigenmüller, Landesanstalt für Pflanzenschutz, Stuttgart: Abb. Seite 89 unten, 116 Mitte und unten, 118, 120 unten.

K. Kuttig, Hameln: Abb. Seite 81 Mitte unten, 88 Mitte oben, 90 unten, 106 unten, 139 oben, 153, 154, 172 unten.

Neudorff, Emmerthal/W. Redeleit, Bienenbüttel: Abb. Seite 78, 110.

H. Reinhard, Heiligkreuzsteinach: Abb. Seite 1, 2, 14, 21, 29, 31, 34, 43, 50, 51, 54, 55, 57, 60, 66, 68, 70, 74.

K. Schrameyer, Landesanstalt für Pflanzenschutz, Stuttgart: Abb. Seite 170.

R. Wilke, Bonn: Abb. Seite 84 Mitte unten, 88 (3), 89 oben und Mitte oben, 90 oben, 91 Mitte und unten, 94 Mitte oben und unten, 95 unten, 106 Mitte oben.

U. Zunke, Hamburg: Abb. Seite 107 (3), 109 unten und Mitte unten.

Die Zeichnungen fertigte Helmuth Flubacher, Waiblingen, nach Vorlagen der Verfasser.

Die Deutsche Bibliothek – CIP-Einheitsaufnahme

Baumjohann, Dorothea:
Biologischer Pflanzenschutz für Haus, Wintergarten und Balkon / Dorothea und Peter Baumjohann. – Stuttgart (Hohenheim): Ulmer, 1997
  (Ulmer-Taschenbuch ; 69)
  ISBN 3-8001-6869-3 kart.

© 1997 Eugen Ulmer GmbH & Co. Wollgrasweg 41, 70599 Stuttgart (Hohenheim)
Printed in Germany
Lektorat: Gerhard Bley
Herstellung: Steffen Meier
Satz: Typomedia Satztechnik GmbH, Ostfildern
Druck und Bindung: Georg Appl, Wemding

Register

Sternchen verweisen auf Abbildungen, fettgedruckte Seitenzahlen auf Textschwerpunkte.

Register

Naturgemäße Pflanzenpflege mit Neudorff!